认知语言学与英语教学研究

龚媛媛 ◎ 著

吉林出版集团股份有限公司

图书在版编目（CIP）数据

认知语言学与英语教学研究 / 龚媛媛著 . — 长春 :
吉林出版集团股份有限公司 , 2023.8
ISBN 978-7-5731-4227-6

Ⅰ . ①认… Ⅱ . ①龚… Ⅲ . ①英语－教学研究－高等
学校 Ⅳ . ① H319.3

中国国家版本馆 CIP 数据核字（2023）第 176520 号

RENZHI YUYANXUE YU YINGYU JIAOXUE YANJIU
认知语言学与英语教学研究

著　　者 龚媛媛
出版策划 崔文辉
责任编辑 金佳音
封面设计 文　一
出　　版 吉林出版集团股份有限公司
（长春市福祉大路 5788 号，邮政编码：130118）
发　　行 吉林出版集团译文图书经营有限公司
（http：//shop34896900.taobao.com）
电　　话 总编办：0431-81629909　营销部：0431-81629880/81629900
印　　刷 廊坊市广阳区九洲印刷厂
开　　本 710mm×1000mm　1/16
字　　数 235 千字
印　　张 13.5
版　　次 2023 年 8 月第 1 版
印　　次 2023 年 8 月第 1 次印刷
书　　号 ISBN 978-7-5731-4227-6
定　　价 78.00 元

前 言

在认知语言学中，储存和记忆是人们认识客观事物的主要手段和方式。在此过程中，人们通过对事物本质特征的理解和加工形成自有的认知，并加以记忆，最终形成自己理解范围之内的知识。认知语言学认为，人们在参与某个领域时，通过对领域知识的重构会自动形成鲜明的认知系统，同时构建自身在此领域解决问题和管理问题的能力。

本书探讨认知语言学在英语教学领域中应用，帮助读者了解认知语言学的理论框架，并思考如何将其应用于英语教学实践中，以提升学习者的语言能力和学习效果。

书中首先介绍了认知语言学的基本概念和核心理论，从语言习得的认知机制到信息处理过程，全面解析了认知语言学在语言学习中的重要地位，随后详细探讨了认知语言学在英语教学中的实际应用。

本书为读者提供参考，帮助他们全面了解认知语言学在英语教学领域的应用，以及如何将其转化为切实可行的教学策略。希望教师和学习者通过阅读本书能够更好地理解语言学习的认知机制，提升英语教学的效果，促进学生的语言习得和综合运用能力的提升，从中获得深刻的启发和实用的指导。

由于作者水平有限，时间仓促，书中不足之处在所难免，恳请各位读者、专家批评指教。

目 录

第一章　认知语言学的基本理论

第一节　认知语言学概论

认知语言学作为一门独立的学科萌芽于20世纪70年代的后期。第一届国际认知语言学会议的召开和《认知语言学》杂志的出版，标志着其学科地位的正式确立。认知语言学是一门新的学科，属于语言学研究范畴的新领域，该学科把对语言学的研究和认知科学紧密地结合在一起，促进了语言和认知的进一步发展。该学科吸引了众多学者进行研究，是目前语言学研究中的前沿学科。

一、认知语言学的内涵

认知语言学出现时间较晚，还处于不够成熟的阶段，并且各派对其认知也持不同的观点，因而目前没有一位语言学家对“认知语言学”这门学科下一个确切的定义。通过国内外一些学者的著作和观点，我们可以对认知语言学有一个初步模糊的了解。认知语言学发展史上公认的创始人莱考夫以及认知语言学的主要代表人物泰勒、泰尔米等外国学者认为，认知语言学是一门发展和认识语言的综合学科，包括语言的研究方向、研究方法和研究侧重点等一系列问题。国内学者从汉语的角度来理解认知语言学，他们认为，认知语言学是基于人们的认知和日常的实践经验，从而研究语言的普遍原则与人的认知规律的关系的语言学流派。

虽然国内外学者对于认知语言学在定义上有众多不同的表述，但不变的是二者都在阐述语言和认知的关系。

二、认知语言学的主要流派

认知语言学在不断发展完善的阶段中，出现了诸多的认知语言理论。这些理论把人们日常经验作为语言使用的基础。虽然这些语言理论不同，但所持的基本假设都是大体一致的。认知语言学仅仅是一种研究范式，因而在具体语言现象上存在着诸多差异。研究认知语言学的理论方法其实就是认知语言学目前的主要流派。其中就有菲尔莫尔的框架语义学、兰盖克的认知语法以及莱考夫等人的认知语义学。

（一）框架语义学

框架语义学为研究词义和句法结构的关系提供了研究方法。菲尔莫尔认为："框架语义学提供了一种观察词语的特殊方式，通过描写一种新词和赋予词语新的意义，从而达到语义和句法结构应该遵循的原则。"这就从侧面告诉我们想要理解词语意义，就需要把词义放入语义的框架结构体系中，用框架来描写词义，另外还需要具备一定的概念结构和语义框架知识，才能更进一步理解语义。当然，纵使语言框架是词义发生关系的纽带和桥梁，但我们想要全面理解词义还离不开人们的生活经验和社会文化的习俗。

（二）认知语法

认知语法是认知语言学另一个重要研究领域，侧重于研究语言的构成成分和句子的结构。认知语法是兰盖克提出的语言学理论和研究方法，在《认知语法基础》这部著作里，他将其称为"空间语法"。这部著作为我们全面了解认知语言学的理论和描述框架提供了参考。目前国内外通过认知语法去研究英语和汉语的成果也是颇丰的。这部著作在语法和语言意义的本质上也提出了语法结构本质上具有象征性，是语义结构的规约象征化；句法的本质和词汇一样是一个约定俗成的象征系统，句法和语义紧密相关；描写人的语言能力需要参照人的一般认知规律等理论。这也就从认知语法层面为不同层次的语言做出解释。

（三）认知语义学

认知语义学的创始人是莱考夫和泰尔米。莱考夫《女人、火和危险事物——范畴解释思维的什么奥妙》一书的出版奠定了隐喻研究的基础，该理论否定了传统的语用模式，把语义学作为意义结构的表示方法。泰尔米认为认知语义学研究的是概念内容和其在语言中的组织方式，而概念内容就包括意念、情感、感知等体验，因此，可以得出意义结构是可以概念化的，而经验和意义结构也紧密相关，所以经验也是可以概念化的。

三、认知语言学的四大特性

根据认知语言学目前的发展，认知语言学所具备的四大特性分别有语言的体验性、语言的隐喻性、语言的理据性、语言的范畴化。

（一）语言的体验性

从语言的体验性层面来看，认知语言学认为语言是基于人的感知和体验的认知活动，语言的体验性又可以从音义、词汇、词法、句法、语篇的体验性来具体分析。音义的体验性来源于生活，词汇的体验性来自我们的经历和所处的环境，词法的体验性是我们认知后语言外化的表现，句法的体验性更多地强调的是基本句法结构的构建。而语篇的体验性，除了要求我们从整体性角度去把握词、句的连贯性，还要求我们运用百科式的分析方法对不同文化的交际语篇进行分析。比如，“柳”在中国表示依恋、送别之意，而西方“柳”代表仁勇；又如“荷花”在中国象征清廉正直，而西方则象征着疏远。

（二）语言的隐喻性

语言的隐喻性的本质是人类进行高层次思维和处理抽象概念的一个方式。把握语言的隐喻性，需要对词语产生、词义发展以及语言的运用进行分析。词语产生的隐喻性侧重于语言、新词的创造。比如，英语中的合成词，如 indoor（室内）、airport（飞机场）等。此外词汇发展中的多义性也包含着隐喻成分，如 miss 本义是想念，后来引申变化为错过。fire 本义是火，随着社会的发展，逐渐有了解雇、激动、磨难、热情等意义。语言的运用也得益于隐喻。例如，A big man has a big heart（宰相肚里能撑船）等。在概念上把事物联系起来，找到相似点，就可以用语言去互相隐喻。

（三）语言的理据性

认知语言学中语言的理据性是要求我们从义与义之间、形与义之间、形与形之间的联系去把握形势和意义之间的理据。义与义之间的联系主要是在语义上，最具代表性的便是一字多义的现象。形与义之间联系的理据主要包括象声理据、数量理据、顺叙理据。最后，形与形之间的联系主要指发生在英语的语音和汉字的偏旁中，如汉字中带偏旁部首“衤”的意义都与衣服有关、英语中“im”开头的字母都包含“反”的意义。

（四）语言的范畴化

语言的范畴化是人类对于语言的认知活动，指的是人类将语言按照一定标准进行划分和归类，从而形成一个协调统一的范畴体系。学者把语言划分为基本层次范畴、上义层次范畴和下义层次范畴。基本层次范畴研究的是人与事物发生的具体的或者抽象的关系。上义层次范畴体现人们对客观世界的高度概括，可以提高语言表达的准确性。下义层次范畴是对基本层次范畴属性的进一步说明。可以说语言的范畴化促进了认知语言学的发展。

四、最新进展和发展趋势

当前认知语言学研究面临着诸多问题，打破研究方法的单一性，转变研究意识是突破认知语言局限性的重要方法。随着认知语言学的不断发展，近十年来，从认知语言学本身来说，其传统研究的课题进一步得到了深度拓展和深化，传统的研究方法也逐渐过渡到以心理和实验为基础的实证研究，研究认知语言学已经成了一种全方位、跨学科的研究。当前国内外对其研究主要呈现出以下几个发展趋势：第一，原有研究领域和课题得到拓展与深化；第二，跨学科和应用研究得到拓展；第三，研究方法逐渐向实证方向发展。

认知语言学在原有的研究领域和课题上，对于范畴化、隐喻、转喻、概念合成等展开的研究依旧是认知语言学研究的核心，并且隐喻和转喻的研究已经突破了词汇层面，逐步扩展到语法、语用、语篇以及非语言层面的研究。此外，在跨学科和应用研究方面，学者们也逐渐总结出其在语篇研究、社会语言学、心理语言学等方面的应用经验，相信未来认知语言学理论将会更进一步地促进人们第二语言的习得以及相关教学的发展。另外，在研究方法上，认知语言学将会积极采用实证法等方法，打破单一的内省法，从而逐步证实认知语言学的基本假设。

当前我们应该采取“三步走”的方法进行深入研究。第一，采取新方法。突破传统的思辨和内省法，在研究中加入新技术和新方法，如神经学中的事件相关电位技术（ERPs 技术），既可以检验理论假设的心理实在性又可以检验理论是否具有神经实在性。第二，新融合。跨学科之间的互动与借鉴，从而为认知语言学的研究提供更多的方法选择。第三，新视角。比如，王德春教授提出的语言学思想、批评认知语言学研究、认知语言学与神经语言学研究以及“数量认知”等一系列新的角度重新去审视认知语言学的研究。

研究认知语言学需要把握其发展现状，同时需要清晰地认识其本身所具有的特点和最新的研究动态，发现其存在的问题，才能促进其发展完善。

第二节　口译教学的认知语言学研究

可以说，口译能力已经成为外语专业学习的重要一环。能胜任相应的口译任务似乎已成为大众对外语专业人才的普遍期待。可见，口译教学水平的高低是评判外语专业办学质量高低的重要指标，教学实践与理论研究是相辅相成的，随着口译教学重视度的提升，近年来口译教学研究也逐渐成为口译研究中的研究热点之一。

从研究内容来看，口译教学研究呈现明显的跨学科特征，这与口译活动的综合性、复杂性是完全吻合的。近年来，越来越多学者认识到了口译研究的跨学科性，与口译教学相关的交叉学科研究成果层出不穷，如多模态、语料库、元认知、翻转课堂等字眼开始进入口译教学研究领域，为人们认识口译教学、探索科学可靠的口译教学模式打开了新的窗口。概言之，无论是实证研究还是理论探索，关于口译活动的特点，口译研究学者基本达成以下共识：第一，口译是一项极为复杂的交往活动，涉及变量多；第二，口译具有明显的动态性特征；第三，口译涉及发言者、口译员及听众的三方互动建构过程，该过程需要口译员动用大量的后台认知操作。口译过程是整个口译活动的核心部分，因此相较于笔译研究，口译研究理应更关注过程，难怪有学者认为翻译研究的认知转向可能最早出现于口译。基于此，我们认为口译过程应该成为口译教学的一个重要突破点。口译过程虽然涉及变量较多，但大多应包括语言的感知、意义的理解、意义的建构、象征单位的匹配等。这些隐藏在译员“黑匣子”中的后台认知操作看不见、摸不着，因此长期以来口译被视作一种复杂的综合技能，让口译教授者和学习者大有“只可意会，不可言传”之感。

20 世纪 80 年代初期，在第二大认知科学迅猛发展的大背景下，认知语言学研究在对生成语言学的一系列反诘中生根发芽。作为重要主张之一，认知语言学认为人的语言能力和其他认知能力共享一套脑神经机制。这为人们认识语言、心智和现实三者之间的关系打开了新的思路，越来越多的语言研究者开始汇聚到认知语言学大旗下通过语言研究探索“黑匣子”的奥秘。随着研究的不断深入和成熟，认知语言学的许多主张及假设得到了第二代认知科学、体验哲学、认知心理学、脑神经科学等交叉学科的多方位印证。本节尝试从认知语言学几条基本主张即语言体验性、意义建构过程观、用法观出发探讨它们对口译教学的有益启示并论述其可行性，以期对未来口译教学，尤其是地方应用型本科高校口译教学的改革与特色化带来些许思路。

一、口译特征及口译教学现状

英文“interpreter（口译员）”源自拉丁语“interpres”一词，大意为“在交际双方中扮演意义解释角色的中间方”。可见口译是涉及三方的本质跨文化交际活动。该过程主要通过口译员的口头输出来实现双语转换，从这个意义上说，口译这种翻译形式的出现极有可能要早于笔译甚至早于书写形式的出现。与之相对，学界对口译研究的关注度似乎要滞后于笔译研究。从文献中不难看出口译常被视作翻译（translation）的下义词。也就是说口译属于翻译活动中的一种具体表现形式，它传承了翻译活动中的共享特征，如“源语”“目标语”“转换”“意义功能对等”等。除了以上共享特征，口译活动也有其鲜明的区别性特征，如口译过程的即时性、源语和目标语发布的单次性、口译的交际在场性及源语和/或目标语的口语性。弗朗茨·波契哈克将口译过程的即时性形象地称为源语向目标语转换的“一锤子买卖”（first and final rendition in another language）。即时性决定了口译的零（低）容错性，这在一定程度上给口译活动贴上了“高强度”“高负荷”“高门槛”等标签。

经济全球化的高速进程让世界各地的人员往来、文化交流变得日益频繁，“地球村”的构想正在逐渐成为现实，这大大扩展了口译服务的市场需求。口译教学、口译培训或者说口译教育也因此肩负了更重要的角色。我们根据弗朗茨·波契哈克的介绍，将西方口译教学特点总结为职业化、正规化、精细化。职业化指的是西方口译培训从早期开始就坚持口译培训的职业化和专业化，该时期口译职业场景设定多为会议口译，因此该阶段口译教师多为职业会议口译员，教授过程多为经验传授，辅之以实操点拨。这是一种类似于“拜师学艺”的模式，口译学习者通过学徒制（apprenticeship）的方式“跟班学艺”逐渐习得口译技能并成为职业口译员。作为早期口译培训的科学指南，巴黎高级翻译学院推出的《口译综合培训手册》受到广泛青睐，这让口译培训开始变得有章可循。从作坊式的短期培训到依托高等院校及专门性研究机构的专业培训和资质认证，西方口译培训已经形成一条正规化的发展链条。精细化体现为两点：一为口译职业分类的精细化，涵盖社区口译、法律口译、医疗口译、手语口译等；二为培训流程的精细化，从学员选拔测试、教学大纲设置到具体教学内容及教学评估都有详细的要求和参数可供参考。

二、认知语言学与口译研究界面

面对新事物、新概念，人们通常会采取“参照点”的方式进行认识和理解，这是一种普遍存在的认知方式。学界往往将乔姆斯基的转换生成语言学视为认识认知语言学的“参照点”，理由如下：从语言研究历史来看，乔氏之前的语言研究（如结构主义、行为主义）主要聚焦于语言本体、行为，并未对心智给予充分关注。而乔氏和认知语言学则将语言研究带到了心智层面，它们都是以探索语言知识在人类心智中的表征为研究目的，所以泰勒认为两者都可归入广义的认知语言学之下；通常认为认知语言学是在对生成语言学（西方语言学主流）的不满和反思中生根发芽并走向成熟的。认知语言学是对索氏和乔氏革命的又一场革命，两者在理论假设和基本主张上是“针锋相对的”，如“连续统”对“模块论”、“概念化”对“规则”、“自治性”对“依存观”、“用法论”对“转换生成观”等。

本节所述观点属于狭义认知语言学，狭义的认知语言学研究并非一种固定、单一的理论，认知语言学家倾向于将其视为一种自然语言的研究路径或思潮，这体现出该理论框架的灵活性、跨学科性特点，但这并不意味着认知语言学缺乏内部的统一性，根据埃文斯、吉雷尔茨、库伊肯斯、王寅等人的论述，笔者认为认知语言学对待自然语言问题的一致性可大致概括如下：人以身体为中介与世界互动，语言能力属于一般认知能力与人类特有的其他能力共享一套认知系统，语言为体验认知的产物，自然语言研究应以意义研究为中心，而意义即为概念化，语言各层面表现形式都体现出该语言社区共享的概念系统，语言知识在人类心智中的表征应与其他知识一致。可见，与以往语言学理论不同，认知语言学认为自然语言各个层面都可成为探索人类心智的线索，或者反过来，人的一般认知能力（如注意力、判断、范畴化、意象图式、识解等）可为语言各层面的表现形式提供统一解释。作为人类特有的一种语言表现形式，口译的结果通过两种符号形式（包括手势语）的转换完成跨文化交际，但其过程则相对复杂，口译员在面对大量语言和非语言信息时必然要动用大脑黑箱中一系列复杂的认识操作（如注意力、记忆等）来进行语言资源的选择、信息加工。如此一来，口译的最终产品当视为口译员认知加工的产物，口译研究不可只关注语言形式上的即席转换，源语和目标语表达形式背后蕴藏的各语言特有的概念结构、范畴化方式、识解机制以及它们的相互转换当为口译研究提供更为广阔的天地。

口译研究与认知研究的这种天然接口在口译研究发展过程的第二次范式变迁，即 CP（认知加工）范式中得到突显：该范式聚焦口译的认知加工过程，并主张口译研究要主动吸取相关交叉学科，特别是认知科学的研究成果。可见，语言与认知的关系问题是口译研究和认知科学共有的研究旨趣，近年来口译研究与认知科学下设分支中认知心理学、脑科学等的交叉研究与日俱增很好地佐证了这一点。

作为认知科学的另一重要分支，认知语言学在人类语言知识如何形成心智表征、人类语言表达如何体现大脑黑匣中的概念结构及范畴化、人类如何利用隐喻及概念整合等认知方式形成推理判断等重要问题上的研究成果，可为口译过程的探索和研究搭建桥梁。口译常被视作一种复杂技能，如此一来，学习口译就是学习一种技能，但人们似乎很难从本体论角度清晰地描述和界定口译技能，而这事关口译教学教什么、怎么教、目标是什么、如何进行教学评价等问题。认知语言学中的“概念流畅度”及形义配对体概念可望为以上问题提供思路：双语切换的高熟练度是口译成功的必备因素之一，而双语熟练度从本质上说依赖“概念流畅度”。译员要能深入两种语言各自的概念系统中“玩转自如”，熟练地获得该语言概念中从基本范畴向上到上义范畴、向下到下义范畴的精细化阐述，并进一步实现两种形义配对体间的精细化匹配。

口译的实践性是其他很多领域所不具备的，因此，口译研究可成为众多语言学理论的试验田。口译研究中认知语言学理论的运用能为进一步验证和扩展认知语言学理论提供支撑，也就是说口译研究和认知语言学研究具有互补性，可形成交叉学科研究，相互借鉴、相互促进，这就构成了两者的研究界面。接下来，我们将从口译教学的体验观、过程观、用法观分别论述认知语言学理论如何能应用于提高口译教学效率和质量。

（一）口译教学的体验观

一个理论的生命力通常可以从它的“根”和“翼”上得到体现，“根”要牢靠、“翼”要丰满，这样的理论方能立得牢、行得远。众所周知，莱考夫、约翰逊于20世纪80年代末提出的体验哲学（embodied philosophy）被视作认知语言学的哲学根基，它在深入反思西方近两千年的客观主义哲学传统的基础上对语言、身体 / 心智、世界几者的关系做出了精辟论述，具有颠覆意义。其形而上学意义在于人们如何通过语言反映客观存在这个哲学老问题得到了重新审视：以笛卡儿为代表的身心二元论将身体和心智人为分离开，认为人可以完全通过理性客观地反映客观现实，也就是说认知是非体验性的（disembodied，也译为非涉身性）；而体验性认知（embodied cognition）否认身心二元论，坚持身体在人的认知中所起的中介作用，人的理性无法客观、镜像地反映客观世界，必然要打上体验的烙印，因此在对待客观实在问题上，体验哲学持经验实在论（experiential realism），强调经验和人的主体性作用。经过近四十年的发展，体验哲学之“根”生发出的认知语言学之“树”，跳出了乔氏转换生成语言学“天赋观”“自治观”之窠臼，提出了关于语言的一系列全新论断，如今该理论正不断得到来自认知心理学、脑科学、认知神经科学等实证科学的验证。在此基础上，王寅认为体验性是语言的又一重要本质属性，并将其概括为语言体验观。

因此我们认为口译教学应当充分吸纳语言的体验观，将体验性教学贯穿口译课堂始终。罗雷尔认为体验性可体现为两个维度，一是将其视作泛经验观，即语言使用必须考虑人的主观性以及人所嵌入的历史、文化语境；二是将体验性视为人的身体所具有的种群特性，人在概念形成中会体现出身体和客观外界的互动，并最终以特定的语言形式将其语法化。

口译教学可从体验性的这两个维度获取理论养分，体现为以下两点：

1. 语言的体验观认为人通过身体与所处的社会文化、自然环境互动产生体验性认知，并以此为基础进一步形成概念和语言，因此任何一门语言的操作和使用都应将其嵌入该言语社区的社会文化背景中，充分感受和体验该语言使用中体现的集体经验。我们认为这是宏观上的口译教学体验观，反映在口译教学中就是要在教学内容的选用中体现地方特色，以地方特有的、学生熟知的体验为导向选用口译语篇，这样既能让学生在熟知的体验中提升学习效率并较快、较准地形成长期记忆，同时又较好地切合了地方应用型本科高校服务地方经济的宗旨。以笔者所在高校为例，该地区自然环境得天独厚，生态资源、旅游资源丰富，围绕这些资源展开的国际交流活动日益频繁，文旅、生态产业方面的口译需求较多，这些都是特有的体验，口译教师应充分挖掘、利用该语境下的体验，将一些真实的口译场景（如生态论坛、石材博览会）搬到教材和课堂中，以市场需求为导向或可寻到地方应用型本科口译教学改革之良策。

2. 语言体验观否认语言自治观，认为人的语言活动和其他活动共用一套神经生理机制，也就是说语言使用的神经机制是一种联通模型，较低层次的认知行为（如感觉、运动）同样能在较高层次的认知活动（如概念化、判断推理、语言）使用中发挥重要作用。我们认为这些反映在口译教学中，就是在口译课堂的情景建构和教学组织中应充分模拟真实口译场景，如模拟新闻发布会现场、生态论坛会议现场、旅游场景、体育赛事开幕式等场景，通过营造真实的口译体验，可充分调动学生的各种认知资源，提升口译教学效率；相反，传统口译教学“纸上谈兵”式的翻译点评模式则可能因缺乏体验性而使口译教学效率大打折扣。

（二）口译教学的过程观

如果说口译教学的体验观是在宏观上指导口译教学的课堂组织形式和内容选择，那么口译教学的过程观则关注口译教学微观层面，即教学具体呈现的“技术指导”。决定语言交际成功与否的重要因素在于理解，而理解的本质是意义的传递和获取，认知语言学正是以研究意义起家，否认意义作为独立于交际者的先验存在，持意义的动态构建观，这实际上是一种语言使用和理解的过程观。与笔译不同，口译的输入材料为口头语，译者需跨越源语的语言形式即时建立意义的心智表征，并将相同的心智表征转换为目的语的口头输出，这是一个集语言理解、信息加工、认知识解、动态意义构建、言语产出的复杂过程，从这个意义上看，口译研究关注过程可谓顺理成章。难怪弗朗茨·波契哈克将口译过程视为口译研究中最重要的模因。正是基于此，我们认为口译教学应着眼于口译过程，口译技能不能脱离口译过程，而认知语言学语言使用和理解的过程观可以提供充分的“技术指导”。

口译教学的过程观具体可体现为动态性和关系性。

首先，从宏观上看，口译是将一种语言的声音流即席转换为另一种语言的声音流以达到跨文化交际目的的一种语言活动，因此口译的过程就是集听、记、思、译为一体的语言应用过程。很明显，对意义结构的精准把控和操作是口译活动获得成功的关键。口译与笔译的另一显著不同体现在语篇的动态性，即口译语篇往往不是现成的，而是随着时间流逐步展开，因此译员面临的意义结构就不可能是静止的。基于此，口译员需根据语篇进展激活存储于长期记忆中的框架、认知模型等百科知识，同时通过短时记忆建构心智空间，从而达到对意义的动态建构。在意义的动态建构方面见解颇深且研究成果丰硕的认知语义学认为意义结构连接着概念结构，语言形式（在口译中通常为语音形式）扮演着激活概念结构从而重构并模拟场景体验（身体体验和以社会文化体验）的中介角色。口译是一项技能性很强的“技术工作”。因此，口译教学应重点关注这种复杂的技能习得，但对于口译技能的界定过往研究似乎语焉不详，基于认知语言学意义建构的动态观，我们认为口译技能主要可体现为对于动态意义的把控和操作，即通过源语言的意义结构这层“语言外壳”激活概念结构、重构并模拟场景体验，再将相似的场景体验编码到目标语的意义结构中。可见，双语的概念流畅度在口译过程中具有重要作用。因此，基于口译过程动态性的口译课堂应将教学重心放在如何提升学生透过意义结构获取概念结构和场景体验的熟练度上，并充分利用认知语义学的研究成果，如框架语义学、认知模型、识解、心智空间、概念整合等理论帮助学生构建双语的概念流畅度。

其次，从微观上看，口译过程涉及一系列相互关联的认知操作和综合技能，具有明显的关系性特征。这恰好符合认知语言学的连续统观点，即语言知识和百科知识之间是没有明确界限的，概念结构是相互交织、相互连通、相互激活的。口译过程观的这种关系性特征决定了要想取得理想的口译教学效果，口译课程不可“孤军奋战”，必须相应地设置一些配套课程，如公众演讲课、校本特色的文化专题课等。此外，认知语言学通过大量跨学科的趋同性证据证明了语言知识和百科知识具有连续性特征，也就是说关于语言的知识（通常表现为语义结构）和非语言的百科知识（概念结构，是关于客观世界的心智表征）相互交织在一起彼此促进，具体表现为概念结构为语义结构提供了经验基础，而语义结构使得概念结构得以编码和外化，进而使我们关于客观世界的科学知识具有稳定的结构性。如此一来，口译教学应坚持“两只脚走路”，其中双语的熟练度是基础，而在口译语篇的相关百科知识讲解中，口译教师可通过重点训练学生利用双语组织专业话语的技能，力求培养学生在特定语篇中的双语概念流畅度。

（三）口译教学的用法观

基于用法模型（Usage-based Model，UBM）作为认知语言学最重要的假设之一，最早见于兰盖克的认知语法理论，并在迈克尔·托马塞罗、约翰、泰勒、阿黛尔·葛德伯格、威廉·克罗夫特等众多认知语言学家笔下得到进一步发展，近年来其理论价值已在构式语法、语言变迁、语言习得等众多研究领域得到彰显。语言研究最重要的任务之一是探索语言知识在心智中的表征方式，从这一点上说，用法模型就是认知语言学对语言何以形成心智表征的回答，这是一种归纳式的“自下而上”的研究径路。该假设认为语言使用者的语言知识心智表征来自他对具体用法事件中象征单位的抽象性概括。象征单位（symbolic unit/assembly）和用法事件是用法模型的核心概念，前者指语言的基本单位为形义配对体，包括语义极（意义）和语音极（音和形）；后者等同于话语。话语是指人类交际活动中具有特定语音、语法结构，在语境中表达特定语义、语用功能的真实语言材料，通常表现为一串有意义的音符。认知语言学的用法模型实际上为解决口译教学教什么的问题提供了思路，基于此，我们认为口译教学应坚持用法观。

基于用法观的口译教学需要口译教师重点关注具体用法事件中的象征单位，象征单位是一种形义配对体，与传统笔译教学不同，口译教师可在口译教学中着重强调形义配对体中的音位极，因为口译的输入和产出都是语音层面的操作。音位极和语义极不是彼此独立的，它们如同“硬币的两面”形成配对体。此外，象征单位相当于构式语法中的构式，它可大可小，既可以是词汇（如术语），亦可以是某类语篇中特定的构式。口译教学中应着重强化学生对形义配对体的熟练度，并训练学生双语象征单位的匹配能力。如有不少口译学者论述过口译专题教学模式，此处的口译专题实际上相当于具体的用法事件，口译教师可在某一专题大量同类语篇的实操训练基础上，根据使用频率从这些具体用法事件中选取典型性双语象征单位（专业术语、短语、句式等）作为教学重点。根据兰盖克象征单位语义极是概念化过程，语音极则是声响化过程，口译教师通过详细讲解概念化过程，提高学生对该形义配对体的掌握能力，并通过大量的双语象征单位匹配训练以提升双语概念流畅度。

基于认知语言学体验观、语义动态建构及用法观，本节有针对性地提出了口译教学的体验观、过程观和用法观，并逐一论述了其理论指导意义。笔者认为口译教学体验观可从宏观上指导口译课堂组织模式，即要创造真实的口译场景提升口译教学效率；口译教学过程观则从微观上指出口译技能应立足于双语的概念流畅度；口译教学用法观可为口译教学教什么提供思路，即实际用法事件中的双语象征单位匹配训练。本节主要从理论上对口译教学的认知语言学启示进行了初步探讨，鉴于口译过程的复杂性，我们认为未来相关的实证研究也是必不可少的。

第三节 概念隐喻的认知语言学研究

一、隐喻研究的特点及其发展进程

自亚里士多德等人开始，隐喻就一直被当作边缘学科来研究，并始终将其拘泥于诗学及修辞学的研究范围之内。在这一阶段，隐喻被看作一种语言手段，主要用来阐述同一种语言意义，并限制在词汇领域内，将它当作一种修饰工具来使用，而并没有考虑到其文体特征也是具有语言的认知属性的。直到19世纪，人们开始意识到隐喻其实是一种内部机制，它能够同时反映出语言及人类的本质属性。隐喻研究逐渐达到兴盛是在20世纪80年代左右，此时，隐喻已经逐渐被人们视作一种新的语言现象，研究领域也从词汇逐渐上升到句子层面，最具代表性的就是理查兹及布莱克的互动说与框架说。

随着认知语言学越来越受欢迎，隐喻也逐渐成为众多学者关注及研究的热点。因为隐喻是与人类的认知息息相关的，是人们对信息进行生产、传递及加工的重要手段。这时，隐喻也不再只是一种修辞手段，更多的还是被看作一种认知手段，也就是通过对某类事物的理解去了解另一类事物，更是人们赋予抽象事物概念的一种认知工具。对于研究认知语言学的学者来说，隐喻是语言现象及认知现象的双重存在，它更是某种新意义产生的过程。隐喻在人们的生活中无处不在，在人们的语言中我们经常可见隐喻的身影。美国著名的语言学家理查兹曾经做过一次调查，人们在使用的每三句语言中就可以用到一种隐喻。到目前为止，隐喻研究变得更加多元化及多样化。

二、概念隐喻概述

莱考夫和约翰逊在1980年出版的《我们赖以生存的隐喻》中最先阐述了概念隐喻的理论，他们认为隐喻除了是一种语言表达，更是一种思维模式，隐喻是将一种明确的概念域映射到另一较为抽象概念域的过程。这些观念都为认知语义学在概念结构上的探析提供了基础，更为认知语义学的发展做出了巨大的贡献。但是莱考夫和约翰逊在概念隐喻上的研究还不够完善，在接下来的20年间，他们继续研究逐渐使自己的理论更加完善。约翰逊指出概念隐喻研究是一个漫长的过程，因为任何语言都是包含着隐喻的。此外，其他学者也在不断探讨着概念隐喻领域，譬如基于概念隐喻的概念整合理论的提出。通常来说，概念隐喻理论是人们所熟悉的一种思维模式，而概念整合理论则更符合意义创新的要求。我国学者也在逐渐踏上对概念整合理论的研究道路。

隐喻指的是什么？曾经很多学者从不同的视角都对其进行过定义，并进一步探究了其本质、特点及功能所在，但大部分学者仍然将其归属于语言现象的范围之内。后来约翰逊及莱考夫主要从两个部分对隐喻的认知属性进行了定义，即功能与结构。

从功能的角度来解释，隐喻其实就是透过对某类事物的理解去了解另一类事物的过程。这一过程中最为关键的就是理解与体验，因为它们使隐喻从语言现象的范围中抽离出来。至此，隐喻也不再仅仅是一种语言现象，更是一种思维方式。无论是什么样的思维活动都是与隐喻分不开的，对于想象和理性思维而言，隐喻都是必须存在的。

根据上述观点，隐喻已经不再局限于是一种语言现象，更是作为人们认识世界的一种认知方式，具体来说，这种认知方式就是在已有知识经验的基础上对新的知识经验的传递与掌握，是已知向未知的渗透过程，它既是连续性的也是创新性的转化过程。我们将其定义为是隐喻的思维过程，也是人类最基本的认知方式。但人们产生这种认知方式是通过他们的亲身经历而获得的。莱考夫和约翰逊对这一过程进行过阐述，他们认为，在人们的日常生活中，相似性会指引人们不断获取隐喻，它们是亲身经历过的体验，是通过大脑、身体及经验等获得的意义产物，这样就会充分实现将主观认识与运动经验的融合。人们可以在无意中具有这种隐喻思维，而且一定要在思维的过程中进行实践。在隐喻过程中的经历意味着它们不是随意产生的，而是有一定的理论和规律可循的。

在日常的语言运用中我们经常会使用泉眼、路口、针脚、天眼等隐喻方式来命名某种事物，这说明人类也是在自身的体验中开始了解和认识事物的，首先他们要了解自己，然后再去了解其他事物，这是一种由近及远的认识方式，同样在此基础上去了解抽象的事物及其本质属性。

从结构的角度来解释，隐喻就是一个概念域向另一个概念域的投射过程。对此，莱考夫提出了始源域及目标域这两个认知域。概念隐喻就是从某一认知域的经验去透视另一认知域中经验的过程，始源域的特点被投射到目标域上以后，后者就会因为这些特点而变得更加容易被理解。因此，隐喻其实就是通过对某类事物的了解而去理解其他类事物的过程。

概念隐喻理论认为，隐喻是存在于人们头脑中的系统化的概念体系。这个体系有两个分类，一个是作为深层结构存在的概念隐喻，另一个则是外化表现了的隐喻语言。对于始源域与目标域而言，概念隐喻是系统化的投射，而隐喻则是外部呈现。

因而，从概念隐喻的角度来说，隐喻就是一种人们无意中使用了的普通手段，人们轻松就可以获取，所以会对它没什么察觉；而隐喻是随处可见的，无论我们做何种思维活动，它们都是存在的；隐喻又是被大众所熟知的，在我们幼年时期我们就已经自觉掌握了运用隐喻的技能；此外，隐喻又作为我们日常语言中的常规思维存在，因此是不可或缺的。我们通过隐喻思维模式去了解客观世界，这也是其他思维活动所不可比拟的。

三、概念隐喻的分类

莱考夫和约翰逊曾在其书中阐述过概念隐喻，他们从认知的角度将其划分为结构隐喻、方位隐喻及实体隐喻这三个类别。

（一）结构隐喻

它指的是在一种概念结构的基础上去建构另一概念，将两种概念重叠，使在这一概念适用的词汇也可以转移到另一概念中去，致使一词多义现象的出现。

（二）方位隐喻

方位隐喻指的是人们对具体方位概念的抽象投射，以产生能够解释抽象概念语言的方位词语。

（三）实体隐喻

实体隐喻是指人们将一些抽象化的概念以一种具体的实体概念呈现出来，以便更好地进行分辨、量化及识别等。其中最具代表性的是实体隐喻中的容器隐喻，它是一种能够将容器概念投射到其他类别事物上，将人看作一个容器的理论，此外，它还可以将一些抽象化的概念当作是一种容器。

四、概念隐喻的认知功能

我们可以从多角度来探讨隐喻的认知功能。首先，隐喻是人们认识客观世界的工具。布莱克强调了隐喻作为认知工具的作用，其他学者也提出过隐喻能够提供一些认识世界的新角度，这也可以从两个对立角度来进行阐述：第一，某些隐喻确实能够看到实际中的现实因素，具有一定的科学性；第二，隐喻结构会对人们在现实生活中的生活方式进行控制或限制。其次，隐喻可以为人们的语言提供创造性的意义，可以传达出一种新的想法。博伊德指出隐喻在新理论的阐述上是不可或缺的，他也认同隐喻表达确实是欠缺准确度，很多人都认为关于科学理论的阐述需要的是更为准确的表达方式。但他们所谓的不准确只是停留在阐述层面上，大部分词语的阐述都出现过不准确的情况，不光只有隐喻才会出现这种现象。隐喻能够传递新的想法，关于科学理论的阐述只是个别现象，在新思想的产生及传递上，其他语言是无法完成也无法相比的。在他看来，隐喻在科学上的阐述方式是纯粹的解释。而佩特里和奥斯拉格则持相反态度，他们认为，隐喻的功能主要就是通过人所熟悉的载体去让人们了解新意义，隐喻或接近隐喻都是从已知向未知转化的过程。理查德·E. 梅耶发表了一篇专门阐述启发性隐喻的论文，其从推理的角度表述了隐喻是可以推演出新领域知识的认知功能。一定要在具备有关事物属性推理的能力以后再去解决科学问题，而启发性隐喻恰恰能够为此种推理提供理论基础。凡是研究过隐喻认知功能的学者，其基本思想都是认为比喻化了的语言与常规语言是没什么差别的。最具代表性的学者就是鲁梅哈特了，他认为理解比喻性语言与非比喻性语言的过程是一样的，他还列举了儿童语言学习的例子，比如当儿童用固有词汇去阐述新现象的时候，语言中的隐喻就会有所扩展，而这恰好与原有的语言规范相适应，那么儿童就会认为自己掌握了一种新用法，但成年人却会及时纠正这些用法。依照这种说法，隐喻不但不可以以一种非常规化的形式来看待，反而还要将其视作儿童语言习得的一项必不可少的要素。

到目前为止，隐喻研究的发展趋势已经越来越多样化，出现了很多相关的研究成果，尽管当前还没有能够具体阐述和把握隐喻的系统知识框架，但这不能成为认知语言学在学界广泛传播与发展的阻碍因素。此外，汉语研究也离不开隐喻研究，一方面，汉语研究能够借助隐喻来对汉语中一些无法解释的问题进行阐述；另一方面，它能够将之前许多零散的知识整合到一起，从而升华到一种更高的层面上去。随着最近几年中外学者的不断努力和辛勤研究，涌现出越来越多的研究成果，这些成果都对第二语言习得等方面的研究做出了巨大的贡献。

第四节　认知语言学与外语教学

语言是人们日常生活中最为重要的交际工具，正是由于语言的存在，人们的思想和观念才能够得以明确地表达，人类的文明才能够被完整地保存和传递。而人类的语言能力是同认知能力密不可分的，语言能力并不是独立的部分，而需要依附于人类的认知能力。认知机制对语言的学习有着重要的影响，同时，语言习得也反映着认知的结果。因此，要想从本质上认识语言，就必须将其与人类的认知活动联系起来进行研究。

兴起于20世纪70年代的认知语言学正是将语言和认知联系起来、从认知的角度对语言进行研究的一门学科。皮亚杰提出的体验哲学理论和语言习得相关理论是认知语言学的基础，认知语言学始终强调语言是人们的认知产物，人们对于客观世界的涉身体验是语言意义的源头，因此，语言意义深受社会发展以及文化发展的制约，语言学习以及语言研究的核心是语言意义。将日常经验视为语言的使用基础是认知语言学最主要的特点，认知语言学还着重于阐释语言与一般认知能力的关系。伴随着认知语言学相关理论的深入发展和成熟，语言学家越来越多地将关注点放在了语言学习以及语言教学中认知语言学理论的应用价值上。因此，认知语言学的研究成果也更多地被应用到了第二语言的教学和语言习得之中。将认知语言学的相关理论应用到第二语言习得的实践中，一方面，能够帮助学习者提高学习的效率。另一方面，能够为教学行为提供指导；同时，还能够用实践对认知语言学加以验证。基于此，本节将试着探讨认知语言学的原型范畴理论、象征性理论、基于使用理论、隐喻理论和涉身体验理论及其对外语教学的启示。

从语言教学的角度来看，语言学及其相关理论的发展为外语教学开阔了新的视野。而伴随着认知语言学的深入发展，其必然也会为外语教学活动提供新的方法和视角。本节将从以下五个方面进行分析和研究：原型范畴理论与词汇教学、象征性理论与语法教学、基于使用理论与语用教学、隐喻理论与文化教学、涉身体验理论与课堂活动，以探索外语教学中认知语言学的启示作用。

一、原型范畴理论与词汇教学

原型范畴理论最初源于哲学，随后，它成为认知心理学重要的理论，而后来的认知语言学家认为，在人们认识世界的时候，范畴化至关重要，在认知语言学中，原型范畴理论是其基本理论。

原型范畴理论的基本内容为：为了记忆纷乱复杂的客观事物，人们就必须对其加以判断，然后对其加以分类，最后再进行储存。认知语言学家称这一过程为“范畴化”，“认知范畴”便是范畴化的产物。很多范畴便由此产生了，但是在同一范畴中的事物，并不是全都处于同一地位或同一层面的，总有一些基本范畴的事物是极其容易被人类所迅速感知的。基本范畴通常有以下几个特点：区别特征明显；能够被快速识别；能够最先被认识、命名和记忆。而一个范畴中比较典型的成员即为“原型”。

根据认知语言学中的原型范畴理论，如果我们将一门语言中的所有词汇看成是一个范畴，那么在这些词汇中，人们日常生活中能经常用到的基本词汇，就成为这个大范畴中的基本范畴。由于基本范畴总能够被人们迅速地感知到，并且原型又为范畴中典型的成员，人们通过对基本范畴中的成员的认识或对范畴中原型的认识逐步深化，那么对于范畴边缘成员的认知也会逐步深入。

由此，原型范畴理论对于外语教学中词汇教学方面的启示作用比较明显。基本范畴中的词汇通常音节比较少，词形比较简单，意思也比较明了，并且使用的频率往往也较高，因此，基本范畴中的词汇是学生学习的基础，教师应该给予基本词汇足够的重视，将其摆在词汇教学的首位。而对于那些相对比较专业、使用频率相对较低的词汇，在教学中应当将其放在基本词汇之后，并且要对同一范畴内词汇的相似性进行讲解。在外语教学中，利用原型范畴理论教授新词汇，能够帮助学生快速地记忆新词汇，提高学生的学习效率。

二、象征性理论与语法教学

象征性理论强调语法的构成单位为形—义配对体，词汇、短语以及句子形成了一个由象征系统所构成的“词汇—语法连续系统”，在该系统中，处于核心地位的是意义，如果不考虑意义，仅仅对纯语言形式进行研究，是完全没有意义的。在语义和语法之间，并没有任何鸿沟，语法研究应该包括对语言的所有层面的研究。认知语言学曾表示要统一解释语言的各个层面的事实，象征性理论则为其提供了一条具体的、切实可行的路径。认知语言学家曾指出，语法教学最重要的问题就是语言观问题，即关于语言的本质及结构的认识问题。认知语言学坚持涉身体验的认知观，认为语言的各个层面知识都和人的涉身体验具有相似性。

象征性理论启示我们在进行外语语法教学时，应坚持语义优先原则，强调形式和意义有机结合，并要突出形式的意义理据。语法教学和词汇—短语的教学相似，教师要充分注重学生的主观识解方式，要注重因势利导，让学生在语法学习中充分地发挥其认知主体作用，另外也要重视一般认知能力的重要作用。

例如，对于以下两句话中“let us”和“let’s”反义疑问句选配的问题：

（1）Let us go to a movie，_______?

（2）Let’s go to a movie，_______?

在以往的教学中，教师一般是照本宣科，讲解仅仅停留在学理的层面，使学生难以完全理解，并对记忆造成了困难。认知语言学的象征性理论启示我们，在外语教学的过程中，教师要深挖语义理据，让学生更容易理解和记忆。从语形的层面我们可以看出，在“let’s”中，“let”和“us”之间的空间距离要比“let us”中两者的空间距离近，而语符之间的距离在一定程度上就是概念距离的象征。所以，“let’s”的语符距离近，实际上就表示对话双方的心理距离近；而“let us”的语符距离远，实际上就表征着对话双方的心理距离远。由于心理距离近，说话者就将听者范畴划入了自己的行列（we），所以其反义疑问句就用“shall we”。与之相反，对话双方心理距离远，就使说话者将听者排除在了自己的心智队列之外，所以使用“you”，其反义疑问句就用“will you”。

三、基于使用理论与语用教学

基于使用理论与外语教学中的语用教学密切相关。20 世纪，结构主义理论在语言学界占据主导地位，当时该理论倡导将语言的使用和语言结构的抽象知识相分离，“语言”“言语”这两大概念就是索绪尔在此背景下为区分语言使用和语言知识所提出来的，“语言能力”“语言行为”也是在此背景下由乔姆斯基所提出来的。人们研究的重点主要是语言结构知识，很少有人会去关注语言的使用对认知结构的潜在影响这一问题。但是，常识和经验告诉我们，反复的训练和接触，对于语言学习者的认知结构发展极为重要。

认知语言学“基于使用理论”认为，语言的使用对于语言认知结构有着极为重要的影响，与语言使用相关的信息在一定程度上能够保留在语言中，语言就是在不同场景的使用中所产生的。并且作为认知常规的象征单位在人的大脑中有着不同的固化程度，语言单位的可接受度或固化与使用的频率有着密切的关系。一般来说，其固化程度和使用频率是成正比的。固化程度影响着语言使用者对于某一象征单位的语法特性的判断和认识，原来不正确或不规范的语言使用会因为使用频率的增加以及情景适宜性的增强而变得合乎规范。

基于使用理论启示我们在进行外语教学时，要足够重视语用，要注重培养学生对语境的敏感性、表达的得体性。例如：“Let’s take our pills，Tom.”（“汤姆，咱们吃药吧。”）在这个例子中，“let’s”其实并不包含说话者，说话者说出这句话的具体情景可能是父母在劝诱小孩吃药。与此类似的例子还有当医生向病人询问病情时，一般使用第一人称“we”，如“How do we feel today?”此外，“死”在英文中可用“die”“pass away”“farewell to life”以及“kick the bucket”等来表达，但是对话者就需要根据具体的语境及交际意图对语言进行选择使用了。

四、隐喻理论与文化教学

在日常的交流中，我们经常会不经意地、不自觉地用到隐喻。其实，隐喻并不仅仅是日常生活中一种常见的语言现象，而且还是一种重要的思维方式和认知模式。认知语言学强调隐喻作为人类思维过程最为主要的特征，是一个整体的映射，人们的认知系统主要就是由隐喻构成的，在对事物进行认知和感知的过程中，人们总是会将两种没有关系的事物进行交融，从而实现从源模型到目标模型的映射。

隐喻在不同的语言中蕴含着不同的文化，也反映着不同的认知方式和思维方式，解释着语言和文化之间的关系。语言的意义很多时候取决于它所在的不同的语言环境下所表达的不同的隐喻意义。教师要将隐喻理论应用于教学中，把源语言和目标语言中存在显著差异的那些隐喻选择出来并对其进行重点讲解和对比分析，从而揭示两种文化间的差异，使学生能够认识到不同文化中认知方式及思维方式的异同，能够理解隐藏在语言背后的文化的相似性以及差异性，以便更好地掌握语言。此外，隐喻理论在教学中的应用，还能够增加学习的乐趣，激起学生的求知欲望，从而使教学的目的得以更好地实现。

五、涉身体验理论与课堂活动

认知语言学认为，人对于世界涉身的体验是语言知识得以形成的基础，任何语言符号的意义都产生于涉身体验中所产生的认知。我们可以通过不同方式的涉身体验活动，从不同的角度对同一事物进行认知。

试看以下两个句子：

（1）He ran across the field.

（2）He ran through the field.

其中对介词“across”和“through”的不同使用，英语学习者会感到十分困惑，哪怕是高级学习者也难以理解。认知语言学家指出，介词“across”的使用，可能是以俯瞰的视角来对整个行动进行观察的；介词“through”的使用，则是针对所要穿过的空间存在着一定的潜在阻力，动作发出者需要努力以后才能通过。此外，认知心理学通过实验已经证明，做一个与比喻性短语所提及的相关动作能够促进识别过程，人们理解某个和自己先前所做过的动作相匹配的隐喻性短语，要比理解一个不匹配的隐喻性短语容易得多。由此足见涉身体验对认知的重要性。

涉身体验理论告诉我们，在进行外语教学的过程中，教师要明确地认识到语言的学习是极具体验性的。因此，要从学生的角度对语言知识进行讲解，要将学生放在主要位置，并且要深刻地认识到教学过程要比教学结果重要，要更多地关注教学过程。课堂活动一方面能够活跃课堂气氛，另一方面能够实现课堂互动，更重要的是还可以让学生在实践中直观感知所学的知识。因此，教师一定要给予课堂活动足够的重视，设计一些合理有效，并且与学习者的认知特点、身心特点、社会文化背景相符的课堂活动，让学生在实践中感知知识，在实践中感知语言形式和语言意义之间的关系，从而深化对语言知识的认识和理解，促进对语言知识的记忆。

认知语言学及其相关理论的发展推动了语言研究的发展，同时也为语言学习和语言教学提供了新的视角。认知语言学的相关理论在外语教学实践中的应用，能够大大提高课堂效率，同时对于促进教学理论的创新也有着重要的意义。

任何一种语言的学习都需要大量的词汇及语法结构的记忆，并且每一种语言都会有不规则形式，甚至会有一些无法解释的习惯性用法。此外，每种语言都会或多或少地对人类经验的差异及空间物理世界的概念进行强调。无论是自己的母语，还是外语，学习者在对其进行辨识时总是有挑战的。认知语言学的原型范畴理论、象征性理论、基于使用理论、隐喻理论和涉身体验理论这五个方面的基本理论，能够很好地解释这些语言现象，对外语学习和外语教学有着极为重要的参考价值。

第二章 认知语言学的发展

第一节 认知语言学与语用学

认知语言学是一种新的语言范式，它符合时代的潮流。三十年前，认知语言学在我国刚刚起步，我国的许多学者就致力于研究国外的认知语言学的发展趋势以及发展现状等，这在一方面使我国的学者对于国外的认知语言学的研究内容与方式方法有了进一步的了解，另一方面也为我国的学者研究认知语言学提供了一定的素材与资料。

随着时代的发展和进步，语用学也逐渐兴起，而且认知语言学和语用学之间有着丝丝缕缕的关系，但是笔者通过查找阅读相应的文献发现，目前国内对于认知语言学以及语用学的研究作品比较少，笔者通过本节对于语用学以及认知语言学的互补性进行一定程度的解读。

一、相关概念

本节在对认知语言学以及语用学的互补性进行探索和研究之前，首先对认知语言学以及语用学的相关概念进行相应的分析和解释。

（一）认知语言学的相关概念

认知语言学研究的范畴，顾名思义，是研究与认知有关的语言方面的东西，如对于语言的产生、发展、运用等过程中所出现的一些相通的规律，还有与大脑的思想以及背诵记忆等相关的框架模式。“认知语言学”的英文为 Cognitive Pragmatics，它出现于 20 世纪 80 年代，随后便得到了迅速的成长和发展。对于认知语言学来讲，它主要包含两个部分的内容：一部分是有关语言概念，通俗来讲，即人们是如何对事物用语言来进行定义或概念化的；另一部分是认知，即对于语言的运用和理解，也就是说人们是怎样实现利用语言来进行交流沟通从而达到交际的目的的。认知语言学作为一种范例，必然不是一种单一的理论，它本身就包括了许多不相同的理论和领域。

从认知的角度来看，我们其实可以去探索语言的很多个层次，这也决定了认知语言学涉及的领域宽泛的特点。认知语言学逐步地发展也正在带动一些学科的发展，学科包括认知社会学、认知人类学等。《认知语法基础》以及《女人、火和危险事物》两本著作的出版在一定程度上标志着认知语言学真正的创立。

认知语言学从认知层面来讲主要有三个再现层面，分别是符号、概念以及次概念。要想理解这三个层面，我们可以以人共同拥有的东西——大脑为例。这三个认知程度的再现层面各自分管着不同的范围，涉及的领域也不尽相同，但是具有递进的关联关系。例如，在大脑中我们想要达到使神经末梢增长的目的，就需要研究神经末梢细胞是如何与其他的细胞进行关联的，其中的机制又是怎样的，我们可以通过人工的神经网络进行仿制和操作，这个过程其实就属于此概念的再现层面上的解释与理解。然后要想对大脑中的一些复杂的操作或者是认知过程进行探索的话，即对于范畴化的理论研究等，要是仍然在此概念再现层面上进行解释和分析，未免会显得烦琐，因此就需要在概念的再现层面上进行分析。另外要是大脑的更烦琐和复杂的有关认知过程的研究分析，则需要用到符号再现层面进行探究。

（二）语用学的相关概念

笔者通过阅读一些文献和材料，认为语用学的起源来自美国实用主义和英国日常语言哲学的两大思想流派。美国实用主义是以符号学为代表的，而英国日常语言哲学是由维特根斯坦、奥斯汀等人创建后慢慢发展起来的。语言涉及三部分的关系，分别是符号、客观事物以及解释者，而语用学其实就是探索符号和解释者之间的关联。

语用学和认知语言学等的一些认知学科相同，它们都具有一定的哲学基础。对于语用学的认知研究产生于20世纪30年代对于符号学的研究。当时也有很多学者提出了自己的观点。但是目前来讲，对于语用学的真正统一的定义还没有形成，其理论构架自然也不统一，但是不可否认，这些都不能成为研究语用学的阻碍，也掩盖不了语用学的研究价值。对于语用学经常涉及的一些语用现象，包括语言行为、指示等方面，我们要想真正地理解还需要从认知的角度出发。

语言的交际功能的研究，每个学者有每个学者的看法，但是总的来讲现在有两种主流的划分方式，一种方式是以形式和功能进行划分，另一种形式则是以社交和认知进行划分。而对于语用学的探索和分析，则出现了不同的派别。有的学者认为语用学的交际是人们遵守的交际规则从而达到交际目的；有的学者在研究语用学时主要推理交际时的大脑活动；还有的学者从认知的角度来分析语用学，认为语用学的交际是一种顺应。其实，也正是这些不同的观点让语用学的研究变得更加有价值以及全面，这也为语用学产生分支（如社会语用等）奠定了基础。

认知的语用学，其面对的一个关键问题是对于语用模块是否关注。如若关注语用模块，则表明语用存在自主的特性。这是因为研究的语用问题是一种模块系统，也就是代表存在一种 pragmatic code（语用代码），这其实也就表明研究的语用问题是语法的拓展。

二、认知语言学和语用学的融合趋势

认知语言学和语用学之间存在着密切的关系，二者不能脱离彼此而存在。认知语言学和语用学正在跟随时代的脚步不断地发展，在这个过程中逐渐有融合的趋势。

认知语言学及语用学之间存在着共鸣。对于认知科学来讲它是一种交叉研究，涉及记忆、学习以及推理等方面，对于认知语言学其实也是对于信息进行加工、组织以及传递等过程的语言上的探究。而认知语言学以语用学作为取向。认知语言学既是一种语用方法也是一种语用理论，它以语言的用法作为基础的同时也强调语言运用的功能，由此可见，认知语言学与语用学之间存在着关联以及融合的趋势。

近年来，有许多学者对认知语言学和语用学的融合趋势进行了相关的分析和探讨，也有一些著作提出了认知语言学与语用推理之间的千丝万缕的关系。这些实例都或多或少地证实了认知语言学与语用学有融合发展的趋势。

对于语用学，目前的研究热点在于认知语用学的语用模块和推理等部分，按照笔者分析的认知语言学与语用学有融合发展的趋势，笔者认为在此需要提一下新认知语用学。新认知语用学的含义是利用现在的模块和框架等来对语言的认知功能进行探究。这比语用学以及认知语用学更有利于具体的描述，它表明认知能够为语用提供机会，而语用又能够帮助认知更加现实。

认知语言学和语用学之间的融合已是大势所趋，这个过程是自然的也是必然的。

三、认知语言学和语用学的共性

（一）同属皮尔斯符号学派

从皮尔斯符号学派来看，语用学认为一个人在某一个时间说出的话不一定代表他内心的意图和想法，这个人的意图我们需要进行推理。语用学的假设是，人与人之间实现交际具有合作的含义，人们的意图在于彼此相互理解，即使这个过程会违背彼此的想法和意愿，但是这个过程仍会产生合作，故交际背后的深层含义我们需要进行推理，这种逻辑上的推理是从谈话的结果到原因开始的。同样的，认知语言学也认为对于人的话语的解析，需要根据实际情况以及谈话的情景等方面来解析其中的含义。

（二）同属功能主义语言学派

认知语言学和语用学都属于功能主义学派。认知语言学相关的学者目前都认为认知语言学属于功能主义学派，而语用学在一些著作中也提到过语用学的一个动机在于对语言进行功能上的分析，这种分析属于功能主义。由此可见，认知语言学与语用学同属于一个语言学派也可以从侧面反映出认知语言学与语用学的同源性。

（三）都对语言使用进行研究

认知语言学与语用学的共性还表现在语用学和认知语言学都是对语言使用进行研究的。认知语言学是对语言的使用和理解过程中的认知功能进行研究，而语用学的研究对象也是语言使用和理解，它同时也反映语言理解和使用过程中的客观规律。对于语言的探究和分析，我们需要探究语言背后的语境以及发出语言的人，语用学就是研究相关语境下语言的真正含义，认知语言学的研究当然也离不开语境。另外语用学的研究过程需要对语言背后的人，即语言的使用者来获得相应的信息，而认知语言学当然也强调人的存在。

四、认知语言学和语用学的互补性

认知语言学在对语言进行分析探究时是根据语言使用者的心理语境，而语用学在进行推理时是根据具体的语境来进行的。也就是说语用学主要是分析语言使用者语言背后的成因或者目的，而认知语言学则是通过对语言的分析来对语言使用者的心理过程做出相应的研究和分析，同时，语言使用者在使用交际功能时其实也是根据自己的心境来进行的。

虽然认知语言学及语用学都涉及认知的范畴，而且都强调语言使用者在语言使用中的主体地位，分别根据心理语境和物理语境进行探究，但是毋庸置疑，在发出话语的人和接受话语的人不断交流和沟通的过程中会产生新的含义与语境。因而，语言使用在进行交际时既要运用认知语言学所根据的心理语境来分析，也要根据具体的语境来进行语用上的逻辑推理，这种分析和推理在语言使用者之间的交际过程中是重叠出现的。总而言之，认知语言学与语用学虽然存在着区别，也存在着互补性，但二者仍然是紧密相关的，谁也离不开谁。

综上所述，认知语言学是一种新的语言范式，它符合时代的潮流。随着时代的发展和进步，语用学也逐渐兴起，而且认知语言学和语用学之间有着丝丝缕缕的关系。无论从什么角度来讲，我们都可以发现，认知语言学既与语用学的理论有关，也与语用学的方法有关。而语用学的研究也是通过认知语言学的理论和方法进行。认知语言学和语用学正在跟随时代的脚步不断地发展，在这个过程中有逐渐融合的趋势。

第二节　认知语言学与语篇分析

认知语言学是认知科学的重要组成部分，它在语篇分析中有着非常重要的作用。当前，随着认知语言学突破词句层面向语篇层面扩展，其在一定程度上促进了功能语言学的发展。

一、认知语言学与语篇分析所取得的理论成果

（一）认知语言学取得的理论成果

在认知语言学发展起来之前，就有不少学者提出了语言的不同特性，如索绪尔就指出语言最重要的特点是任意性，并且语言还具有内指性；而乔姆斯基则认为语言最明显的特征是其在具备自治性的同时还兼具独立性。而这些学者对语言特征的总结有一个共同点，那就是都强调语言的客观性，是基于第一代认知科学的理论。这些理论以客观主义为基础，忽略了语言存在的意义在于人对语言的应用，人的主观作用没有得到体现。因此，随着语言学的发展，认知语言学开始发展起来，它认为语言是在各种不同因素的作用下产生的。认知语言学认为在分析语言时，应该采用不同的方法来分析，而不主张用固有的理论来对其进行分析。

（二）语篇分析取得的理论成果

对于语篇的定义和内涵，不同的学者有不同的看法。比如，有的学者认为语篇包含口头上的语言和书面上的语言；有的学者则将语篇的范围缩小了，认为其只包含书面上的语言；还有学者认为，语篇包括的范围比较广泛，它可以不受语法的约束，只要能将一定的意境表达出来，

并且意思完整的语言都可以称之为语篇。而语篇分析应该是具有整体性的，而不是独立的，它应该从整体出发去分析和理解词、句，因此它具有连贯性特征，并且能将词、句有效地衔接起来。在语篇分析中，将词、句所蕴含的意义衔接起来是非常重要的。

二、认知语言学在语篇分析中的应用

在过去，不少学者认为认知语言学研究的是词、句，而不包括对语篇的分析。而随着认知语言学的发展，许多学者开始扩大研究范围，将语篇分析纳入其中，并将认知语言学与功能语言学联系起来，使其在并存状态下能够互补。而认知语法和语篇分析不是独立的，是相互联系的，通过认知语法，能够对语篇做出合理的解释。首先，语篇具有双极性。对句法的研究就是对象征单位的研究，象征单位的一个重要特性就是其具有双极性，将其上升到语篇层面，则语篇也具有双极性。因为将语篇进行总结就能得到一个象征单位，而象征单位只有通过语篇才能做出分析。其次，语言单位具有连续性。因为将词、句、语法联系起来才能够成为一个连续体，对语言单位进行切分，实际上是不清晰的，不存在严格的分界线。因此，从语篇分析的角度看，语篇具有整体性，是难以清晰地分切开来的。最后，动态分析可用于语篇分析中。动态分析法是认知语法中最基础的一种分析方法，可以对语言结构进行分析，也可以对语篇进行分析。

用认知语言学来分析语篇，摆脱了分析语篇时的客观性和独立性，而是从整体的角度出发，对语篇进行分析。语篇分析取得的理论成果明确了语篇的含义，语篇是各种因素的共同作用产生的结果。其内涵决定了语篇分析不是孤立的，因此，通过认知语言学来对语篇进行分析，能够将语篇的深刻内涵挖掘出来，使语篇分析更加全面、具体。而前面提到的百科式分析方法，体现了语篇分析的衔接性。由于语篇中融入了主观因素，体现了人的认知过程，因此语篇分析应该是连贯的。由此可见，认知语言学体现了语篇分析的整体性。比如，在一些古诗词和文言文中，常用一语双关的修辞手法来表现文章的中心思想。在理解时，就不能只理解字面意思，还要透过表面看到深层次的思想情感，从而领会作者写作时的心境。因此，在语篇分析时，除了要从语篇内部出发去分析外，还应该从外部知识来分析，如写作者所处的社会环境、写作时的处境和心境等。

除了用认知语法对语篇进行分析外，认知语言学在语篇分析中还有一些其他的观点。第一，认知语法明确了语篇的构造单位是“关系”，因为分句组成了语篇，而分句之间是存在一定的内在联系的，因此，语篇的构造不是实体，而是“关系”。第二，语篇中的每一个分句都表达了一定的含义，所有的分句都会有一些新的信息出现，这些信息形成了读者的认知过程。由此可见，对语篇的分析是一个动态的过程，简单地找出词语之间的关系，是不足以对语篇进行分析的。而随着认知语言学的不断发展，有的学者认为已有的认知语言学观点，在分析语篇的实践过程中，具有不全面性，所以不断有新的观点涌现出来。比如，以认知语法为基础的“语篇回指”、将已知信息和新知信息结合起来分析的“认知世界”分析模式等。这些分析方式指出，在语篇分析中，要明确代词的具体所指，就需要参照语篇的上下文，并通过这些分析方式来确定冠词、代词等在语篇中所起的作用。

第三节 认知语言学与英语新词

随着时代的不断发展，语言也有了极大的变化，这种变化本身与语言这种文化符号有着极为密切的关联。词汇对于不同的时代来说是有不同的特征和意义的，人们在面对不同的词汇时，所理解的内容也各不相同。

词汇是一个时代背景下的产物，现代人需要了解在社会变迁背景下，词汇会出现怎样的变化，只有这样才能够使现代人更好地表达自己的思想，使现代人群的表达能够与时俱进。

一、认知语言视角的理解

认知语言学是 20 世纪 80 年代发展兴起的一种基于语言学和认知科学的现代学科，其基本特征和理念是对现有的社会环境进行研究，通过合理的分析，了解世界的发展和变化状况。认知语言学研究主要包括认知语义、认知语法和隐喻认知等多方面的内容。

语言属于一种文化的符号系统。所有的语言单位都是文化和意义的配对体，而在英语不断发展的过程中，新词汇的出现也是一种特殊的文化符号，是意识和形式的综合配对体。在这样的环境中英语的形式蕴含着不同的意义，所以在进行新词的构建时，主要包括形式和意义的构建。在不断变化的社会环境中，人们对于词汇有着不同的认知模式，其认知运动和认知形式进行匹配后，就产生了新的词汇。

二、英语新词汇的构成形态

（一）由两个或多个词汇构成的新词汇

1. 复合词

在英语构词法中把两个自由词素组合在一起形成一个新的词语，前一个词起到修饰或限定后一个词的作用，在这种构词法下产生的词叫作复合词。例如，hard - working（努力工作的，勤奋的）=hard（努力）+ working（工作）；bookshop（书店）=book（书）+shop（商店）；moon-cake（月饼）=moon（月亮，月球）+cake（蛋糕）；doorbell（门铃）=door（门，大门）+bell（钟声，铃声）。

而在英语中复合词也是新词最常见的一种生成方式，它将两个不相关或者关联性并不大的词语组合成新的词语，通过这种方式获得的组合词语，与原来两个词之间的关系并没有任何的联系。例如 shopping boyfriend，这一词组是将英语中的 shopping 和 boyfriend 进行组合而成的，而这个新词的意思就是两个词语直接组成的意思，代表着陪购男友。

拼合词是一种英语中常见的新词生成方式。拼合词在进行创造时，往往会取 2 ~ 3 个词语，并对词语进行缩减，取舍后，进行拼合来组成一个新的词组。拼合的词组可以完全没有关联，并且词性上也可以没有任何规律，拼出来的新词有可能代表之前的词组合起来的意思，也可以与之前词的意思完全不相干。例如，mom 和 competition 这两个词，mom 代表着妈妈，而 competition 则代表着竞争，两个单词进行拼合就是 mompetition，如果直译成中文就是妈妈之间的竞争，也就是拼孩的意思。再如：phone 和 snub 这两个词汇，phone 指的是手机，snub 的意思是冷落、斥责，两个单词进行拼合就有了 phubbing，译为低头族，指那些只专注于玩手机而忽视身边人的一群人。

2. 派生词

学习英语的过程中我们可以知道许多英语是有一定的前缀和后缀的，在英语构词法中，在词根前面加缀或是在词根后面加缀，从而构成一个与原词意义相近或是相反的词，这种构词法产生的新词称为派生词。

在单词的后面加后缀，往往改变的是单词的词性，但单词也会随之改变词义。例如，act 是表演的意思，是个动词，加上后缀“ress”后变成了 actress，意为女演员，词性也变成了名词；sing 是个动词，是唱歌的意思，加上后缀“er”后变成了 singer，意为歌唱家、歌手，其词性也变成了名词。

（二）旧词新意

旧词新意的主要理解就是指一个本身具有一定意义的词语，在书写和形式上都保持不变，但随着时代的发展，词汇的意思出现了引申或者转换，赋予了与单词原来意思不同的用法。一个单词从产生到现在，可能经过多次的引申，导致这个单词所表现出来的含义与原本的意思没有任何关联。例如，在英语中的 pie 这一单词本身是馅饼的意思，而随着时代的变化，这个单词也逐渐有了杂乱无章的意思。

再比如 leg 这个单词最常用的意思就是“腿”，但是它还有一个名词性的意思，如在句子 Our first leg of journey to Sydney was by train to Beijing 中，leg 一词就不能译为腿了，它和 journey 组成短语 a leg of journey，意思是一段旅程。

三、英语新词构建与认知语言学理论之间的关联性

（一）认知语言学中的范畴化以及原型理论

范畴化和原型理论是认知语言学在发展过程中的一个重要的基础概念。认知语言学在进行研究语言的范畴和原本理论时，是通过对世间万物进行研究发现其中的规律，而在进行概括与表达时，都是通过语言来形成的这一种理论体系，在语言学中被称为范畴化。其最终的结果就是人类通过语言进行事务的范畴化，归类所表现出来的内容就是人类对于事物有属于自己的分类和认知。人类对事物产生的认知以及发展是一个由范畴逐渐过渡到概念的过程，而对语言进行范畴化的研究是认知语言学研究的核心内容。人类的认知在发展过程中是一种由无序到有序的状态，这也与范畴有着极为密切的关联，在进行语言学的研究时，为了使研究的内容与人类的发展相吻合，相关人员提出了人类研究的范畴，是

围绕原型而构成的这一概念。

随着人类的不断发展和经验的积累，人类对于外部世界有了更深入的认知，人脑往往可以通过抽象认知归纳出一些具有相似的个体，而这些个体往往具有不同的特征，并被人类划分在某一个范围中。原型理论中所具有的内容包含着极为复杂的概念，其中包含的不仅仅是人类对于这个世界的认知，也包含了人类了解事物时的特点和差异性。例如水果这一个范畴，所有水果中，自然而然地人们会想到苹果，这也是最常见且最优秀的事例类型，所有的水果都是以苹果为圆形的边缘成员，如香蕉和橘子等，这些都是苹果的相似性物品。

（二）范畴化、原型与英语的新词

英语本身属于一个文化符号，会随着人类对认知的变化而逐渐变化。而在新的范畴产生的背景下，语言会随之发生改变，这是人类和语言在发展过程中的不变的目的。人们需要利用新词来表达新的生活方式和新的技术，同时新词的产生也直接象征着科技和社会的发展。

（三）类比理论与新词的构建

类比理论对于英语新词的构建来说极为重要，这种理论又被称为类推。类比思维所指的就是人们通过熟悉的内容或者似曾相识的意境，来对新的意境进行处理，也就是当人类遇到一个之前完全没有遇到过的情景时，以往的情景可能会对人类的认知产生一定的影响，人类也会自动采用类比的思维来理解这一新的情景。类比词汇的设置就是模仿已经存在的词汇来进行创作，这种词汇构成往往是复合词或者多个词语的组合。例如 minimoon 是一个新的英语词，其结构和含义都是通过 honeymoon 进行转变的。将其中的 honey 换成 mini，代表的意思就是婚后小休的意思。在面对新的情景时，人们往往也会采用类比的方式来帮助自己认识一个全新的情景。

英语中新词的产生，对于这个社会发展来说极为重要，人们的物质生活水平和精神生活水平，在这样的社会环境中不断提高和发展。英语新词的出现，象征着一种文化的变迁和更迭。英语新词的产生离不开人对事物的创造和认知。认知语言学为学者们研究人们的社交方式，提供了一个语言学的视角。

第四节　认知语言学与英语配音

很多人都觉得英语学习困难，其中一个重要的原因是学习者忽视了口语的训练，不敢主动开口去练习发音。面对各种英文资料，他们习惯默默地听、默默地看。这就是通常所说的“哑巴英语”。这种沉闷的方法会使学习者学习英语的兴趣减少，学习动力和意志力也就慢慢消磨殆尽，用英语交流更是几乎不可能。为了解决这一困境，提升口语表达能力，英语配音是一种行之有效的方法。它能帮助我们走出“哑巴”困境，使学习者愿意主动地去听、去说，去品味优美地道的英语，从而进一步提高我们英语水平。认知语言学的一些观点和理论可以让我们对英语配音有更新的认识，并给英语配音学习带来有益的启示。

一、从认知语言学角度分析配音对语言学习的作用

（一）英语配音提高学习者口语表达能力，增强学习信心

认知语言学认为语言具有非自主性的特点，语言是人们认知能力的一部分，是人类普遍认知的反映而不是独立的系统。对英语学习者而言，有必要融入真实环境来训练英语表达能力。而对大多数无法出国的学生来说，配音就为他们创造了贴近真实的语言环境。现在可用于英文配音的内容相当丰富，各种内容生动、画面逼真的影视剧和演讲访谈

等能把学习者带入一个又一个英语环境中。与此同时，英语配音中对语音的不断模仿还能帮助我们纠正语音语调、巩固英语基础和语言的应用能力。

（二）英语配音有助于激活学习者大脑中的图式

图式本是认知心理学的概念，最初是由哲学家康德在18世纪提出的。认知语言学把语言当心理现象研究。它的发展使“图式”这一概念被越来越多地引入语言学中。图式理论认为，人们在理解、吸收、输入信息的时候，要将输入信息与已知信息（或概念）即背景知识联系起来。对新输入信息的解码、编码都依据人脑中已存的信息图式、框架。输入的信息必须与这些图式相匹配，才能完成信息处理的过程。

图式理论将图式分为语言图式、内容图式和形式图式。语言图式是包括语音、词汇、语法、句法等可以通过课堂学习和书籍的阅读中获取的语言知识。内容图式是新信息所涉及的相关背景知识，这些知识主要有主题知识、世界知识和文化知识三类。形式图式则是指人们对于文章信息的体裁、修辞、结构等方面的认识。在配音实践中，学习者可以在情境中学到鲜活的语音和词汇句法，了解不同的地域文化，还能从不同人群的表达中学习地道的语言艺术。这对于强化学习者的语言图式、内容图式和形式图式都是大有裨益的。

认知语言学还告诉我们，意义是语言的核心功能，学习语言最重要的就是学习如何表达和理解意义。认知语言学的语言观是基于使用的，它认为语言的习得必须重视交际实践和相关社会的文化教学。英语配音所用的资料一般来源于英文电影、动漫、对话等，学习者在练习时应留意剧中的情境和人物性格。学习者在从模仿到理解再到掌握的过程中，了解到了影视资料中蕴含的风俗习惯和文化背景，了解到英语国家人士经常要面临的是什么样的情景，以及他们又是如何看待世界，这和中国文化有很大的不同。长期的配音练习可以促进学习者在使用中提高英语理解力和英语文化修养水平，还可以促进学习者将外国文化背景知识融入自己已有的图式中，丰富自己的语言、内容和形式图式，从而扩大学习者的知识面。

（三）英语配音能提升学习者使用英语的热情

认知语言学中关于使用的理论认为，语言的使用对语言认知表征具有重要的影响，反复接触和训练对语言学习者认知结构发展有着重要影响。“练武少不了切磋，学语言离不开交流”。丰富和激活修辞图式非常重要，这有助于形成学习者对英语语言的意象图式，有助于“现实—认知—语言”路径的形成。对于很少有与外国人面对面交流机会的大部分英语学习者来说，英语的配音就提供了很好的“做中学”的机会。在训练的过程中，学习者应该多听多看英语演讲、电影、新闻、访谈等并加以模仿演练，注意养成对不同题材语体的把握，更好地丰富并激活修辞图式。配音过程中学习者还可扮演对话的双方或多方，从中认真感受英语的使用技巧。这些都可以给英语学习创造一种基于体验的学习环境。

二、从认知语言学角度分析英语配音实践

以上从认知语言学的角度谈了一些对英语配音的认识，学习者应当自觉地将这些理论应用到平常的配音实践中。大量的英美剧、访谈、演讲、新闻、动漫等可以成为配音资料的来源。同时，英语学习者可以根据自己的水平挑选那些适合自己的、关联信息丰富、具有趣味性的英语对话情境的片段来练习，这样更有利于提升学习英语的兴趣和自信心。

认知语言学的观点认为，要学好一门语言，学习者就必须掌握足够的固定表达式以及具体情景下的语言应用的方式和方法。英语学习者应

把英语作为一种实践技术来学习，而英语配音就为我们提供了虚拟的生活和交际环境。

英语配音的内容丰富多样、气氛轻松活泼，更容易激发起学习者的兴趣，从而提高英语学习的效率。这种学习方法能培养学生主动说英语，促进学生真正把英语作为一种交际工具来学。配音改变了原有固化的被动接受的学习模式，以新的方式提高我们的英语学习效率。如今，随着技术进步，配音环境的取得越来越便利，无论学习者还是教师都可以很好地利用配音活动来提高英语学习和教学水平，并通过这一活动模拟情境更好地了解英语国家的历史文化背景、社会价值观念和思维方式，从而提高英语认知，这是真正掌握英语语言的重要基础。

总之，作为一门研究语言和人的认知规律关系的科学，认知语言学的相关理论充分阐明了英语配音在英语学习过程中的可行性和必要性，也为英语教学的开展提供了有益的启示。

第五节　习语的认知语言学研究

认知语言学在中国的发展始于20世纪80年代末，如果将戴浩一1988年发表于《国外语言学》上的《时间顺序和汉语的语序》一文作为认知语言学在中国的传播和应用的开端，那么认知语言学在中国的发展至今已有三十余年的时间。在这期间，初期侧重于介绍西方认知语言学理论，20世纪90年代末至今专题理论研究增多并且更加注重认知理论的汉语研究和汉外对比研究，论文、专著数量大幅增长且涉及的主体范围迅速扩大，对习语的认知语言学研究也就自然而然地发展起来。本节主要针对习语的认知语言学研究进行总结与回顾，并且根据研究现状提出建议。

一、习语认知语言学研究概述

认知语言学是基于人类对世界的经验以及他们感知和概念化世界的方式，习语作为语言的精华，是一种典型的隐喻语言，成为认知语言学对语言研究的热点。

作为语言的精华及文化的载体，习语在任何一种语言中都有较高的使用频率，因此在每一种语言和文化中都具有举足轻重的作用。一般来讲，习语指常用在一起、具有特定形式的词组，它通常包括成语、俗语、格言、歇后语、俚语、行话等。国内一直都有关于习语的不同方面、不同角度的研究，认知语言学的相关理论为习语的研究提供了新的视角和方法，国内学者也开始从认知语言学的视角对习语的各个方面进行了重新审视和思考。通过对相关论文的分析，发现国内对习语的认知语言学的研究大致集中在以下几个方面：认知语言学角度下英汉习语的对比研究、习语演进、习语理解模式、习语特性、习语认知角度的分类、认知角度的习语的翻译、从认知角度研究某一特定种类习语、习语中所用修辞的认知理论研究、习语的习得与教学等。

二、对国内学者相关研究的分析

国内较早的习语的认知语言学研究也侧重于对国外相关研究的系统阐述与分析，之后也结合了习语的不同方面进行研究。隐喻与转喻作为认知语言学的极为重要的内容，在认知语言观里是一种思维方式和认知手段。国内很多对于习语的相关认知学研究都结合了隐喻及转喻进行。

上海外国大学学报上学者陈道明的文章《从习语的可分析性看认知语言学的隐喻能力观》中，作者否定了传统的将习语理解为“死喻”的看法，认为习语是可分析的、可活用的，探讨了隐喻能力的重要性。文章主要结合了达内西隐喻能力的概念，阐述了吉布斯和格鲁克斯堡根据习语的可分析性对习语的分类，作者也结合了汉语习语的例子进行相关分析，来说明隐喻能力的重要性，提出要“重视培养隐喻和创造性活用语言的能力，用旧的语言形式创造出新的意义，表达出新的思想”。

在习语的演进方面，张志宏、董粤章提出了不同语言和文化习语演进的共同认知模式——习语演进五律一论，“五律”即生态环境横向决定律、历史发展纵向决定律、社会风俗决定律、宗教文化决定律和身心体验决定律，“一论”指原欲动理论，即“全人类的习语都是在融合了生理性和心理性，包括物（食）欲、情（性）欲、权欲和众欲在内的原欲的驱动下产生的”。文中除了五律一论，比较新颖的提法还包括对习语的认知语言学的定义，以及在格鲁克斯堡对习语分类的基础上提出的对习语的五种分类：可分析中性、可分析隐性、存在准喻型、意识准喻型及可分析显性，分别对应上文提到的五律。

陈明芳等运用了莱考夫和约翰逊关于惯用语产生的认知机制的观点，分析概念隐喻、概念转喻和规约常识等三种认知机制在惯用语理解过程中的作用以及惯用语的复现、同现和连接等衔接功能，并从可分析性、多样性、矛盾性和临时性等主要词汇语义特征探讨了惯用语隐喻意义形成过程中的理据。朱风云、张辉论述了熟语语义加工的几个基本概念：字面义、非字面义和突显义，然后对国外学者提出的几个主要的熟语语义加工模式进行述介。最后通过对熟语语义加工影响因素的思考，指出了这些熟语语义加工模式的不足和熟语研究应该注意的问题。张辉、季锋在认知语言学的理论框架下，以具有动宾结构的英语熟语以及双动宾结构的汉语四字格成语为语料，在国外学者提出的复合场景模式、棱镜模式和熟语激活模式的基础上，对熟语特性、语法地位、组构假设、语义结构混杂性等问题加以考察。这些模式能够为关于熟语语义加工理解的心理语言学和神经语言学研究提供理论方面的启示。

传统的观点认为，习语是一种纯语言现象，具有语义整体性和结构固定性，是独立于人类思维之外的固定语言现象，主张从词汇、句法及篇章特点等语言层面来进行分析，把习语的意义看作一个统一体，认为习语的意义不能从单个组成习语的词汇中得来，这就否定了习语的认知本质。在国外认知语言学理论的基础上，国内学者提出了不同意见。基于莱考夫基本范畴和意象图示理论，国内学者指出成语是人们概念体系的产物，不是纯语言层次的，是在基本层次范畴和意象图示的基础上产生的，与人们直接体验到的基本概念和基本关系相关，比如人们关于火的概念或概念域衍生出许多与火的体验相关的习语。也就是说，认知机制在习语的理解中起着重要的作用，在这个基础上，人们可以凭已有的经验和概念基础来理解习语意义，而并不是必须靠死记硬背，这就为习语的习得和教学提供了启示。作为人的认知结构的产物，大多数习语是在百科知识、概念转喻和概念隐喻三种机制的基础上产生的，国内研究者在此基础上提出了对学生习语习得和习语教学的建议，比如文娟、李曼钰都提到了将习语按照隐喻进行归类，使学生明白隐喻中不同域之间如何投射，以此代替直接将习语意义告诉学生。此外，关于某种特定种类的习语的认知语言学研究也是国内研究者研究的热点，比如从认知语言学的角度研究与人体某一部分或某一器官相关的习语、与动物相关的习语、与食物相关的习语，等等。

国内学者不断扩大认知语言学在习语研究中的应用，将认知语言学的相关理论应用到了习语的翻译、文学作品中习语解读等方面，与之相关的论文也不在少数，比如结合认知语言学理论研究名著中的习语，相关文章如《从隐喻角度看杨译本〈红楼梦〉中的动物习语》，文章主要从认知语言学中的隐喻角度，通过将隐喻分为重合隐喻习语、平行隐喻习语、全空缺隐喻习语、冲突隐喻习语四种类型，对杨宪益夫妇《红楼梦》英译本中的动物习语进行了隐喻分析与评价。国内也出现了运用 ERPs（Event-Related Potentials 事件相关电位）与习语的研究相结合的研究。ERPs 是新兴的较为先进的技术，处在科技的前沿，被誉为"观察脑功能的窗口"，这项技术无疑将会给认知语言学的研究带来极大的便利，提供科学并具有说服力的支持，同时也为习语的认知语言学研究提供了新的研究方法，有利于从科学的角度对习语进行认知语言学研究。ERPs 还没有广泛地为大家所熟识，也还没有为广大高校所采用，但是它必将在认知语言学研究领域发挥巨大的作用。将 ERPs 与习语相结合的研究在国内已经出现，比如《中国英语学习者习语理解的研究》一文，作者主要借助 Cite Space II 这一科学计量工具综合分析了习语研究领域的发展历程和前沿趋势，并在此基础上设计了两个针对汉语习语和作为第二语言的英语习语的 ERPs 实验，观察并记录了 28 名来自大连理工大学英语专业的中国学生理解汉语和英语习语的行为数据（正确率和反应时）和 ERPs 数据（主要观察 N250 和 N400），以期探讨在两种语言情境下习语显著性在习语理解中的作用以及大脑的脑区活动，结合实验数据分析结果和前人的研究作者得出了关于两种语言中习语理解的几点推论。我们可以暂且不关注作者的实验方法或实验结果等方面，作者的这一研究角度是值得学习和借鉴的，就是将习语的理解和 ERPs 联系起来，运用科学的实验手段进行研究，具有较强的说服力，这必将成为语言研究新的发展方向，同时关于习语的认知语言学研究也必将越来越科学化，借助更多的科学实验手段，得出更科学化的结论，这是认知语言学研究的趋势，自然也将是习语的认知语言学研究的趋势。

三、国内相关研究特点

对于国内关于习语的认知语言学研究，大致总结出以下几个特点：相关论文专著数量逐渐增长。如前文所述，搜索中发现相关专著论文在后十年间数量显著增多，并且每一年相比往年数量上都有增长，说明从认知语言学角度对习语的研究在不断发展。对习语的认知语言学研究结合较多的是认知语言学隐喻与转喻的理论。习语是典型的隐喻语言，对于习语，从认知隐喻角度的分析自然就比较多。如前文所述，习语的认知语言学研究主要集中于习语演进、习语理解模式、习语的习得与教学等方面。其中习语的理解占据了很大部分，认知语言学为习语的理解模式提供了新的研究方法，这又必将促进第二语言习得与教学方面的研究。相对来说，国内习语的认知语言学研究对国外理论的低层次的重复介绍较多，局限于对基本理论的阐述，结合我国习语的深入的、系统的、创新的研究还相对较少。

对于国内对习语的认知语言学研究，笔者有几点建议，或许可以为以后国内的研究提供一些启发。首先可以注重从汉语习语出发，在国外的认知语言学理论基础上进行创新的研究，而不仅仅局限于借助汉语习语对国外基本理论进行阐释，像前文提到的五律一论就是值得鼓励的创新的观点。认知视角的汉语本体研究将是未来认知语言学研究的主要方向，汉语博大精深，习语更是中国人民宝贵的财富，理应受到语言研究的重视，从汉语习语出发进行认知语言学的研究必将有更多创新的、突破的发现，应该认识到汉语本体的认知视角的研究是我国引进认知语言学理论的最终目的，也将是最终趋势。此外，可以结合更多方面的认知语言学知识对习语进行探索，这样有利于有更多新的收获。另外，对于习语的认知语言学研究可以采用更多如 ERP 这样先进的科学技术手段，将习语的认知语言学研究同先进的科技结合起来，这不仅可以为认知角度下的习语理解提供更多科学的、具有说服力的依据，也将会促进习语的认知角度的研究。国内对于习语的认知角度的研究不应仅仅停留在对国外的理论阐释阶段，更应该借助于先进科技手段去验证和促进理论研究的发展，并结合汉语习语的特点做出创新。

习语作为历史和文化的积淀，是全民族的智慧结晶和全社会的语言财富，习语在各种语言文化中被广泛使用，对于习语的研究热度不会减退，对于习语的认知语言学研究也必将有越来越多的创新。相信随着认知语言学的快速发展和国内研究者夜以继日的努力和刻苦钻研，习语的认知语言学研究将日渐成熟，国内认知视角下的习语研究也将会有新的突破和更多的进步。

第三章 认知语言学模式研究

第一节 翻译的认知语言学模式

一、翻译的研究现状

传统翻译理论认为，翻译只是一种单纯的语言活动，是两种语言形式的互换。近年来，国内外学者意识到，目前的翻译研究缺乏系统性，提倡从整体上、宏观上将翻译理论研究系统化，这样可以大大推动翻译学科的建设。然而，“我国的译学理论建构还处于初创阶段，大多数研究还停留在语言、文学及文化方面单一、静态的零散的对比研究，从哲学、美学、社会、文化意识形态等角度，在更高的层次深入研究翻译功能、借用心理认知科学深入研究翻译过程的成果更少，有待系统和完善，各学科间的交叉研究和整合更待探讨和开发”。

尽管 20 世纪 80 年代认知语言学就诞生了，但我国学者运用认知语言学理论对翻译进行研究则是从 21 世纪开始的。认知语言学的理论无疑给翻译的研究提供了一个崭新的视角和理论基础。近十年来，国内认知理论对翻译研究取得了快速发展，成果丰硕，但认知语言学对翻译的研究还处于起步阶段。

翻译研究的发展史表明，当代翻译研究已进入多元化，以及跨学科的综合研究阶段，传统的研究方法已日渐力不从心。随着认知科学的发展，认知语言学理论和翻译实践的结合也越来越重要，认知的翻译观趋势也日益明显，我们更加关注译者在真实翻译实践中的思维活动、决策心理和语言识解等。

二、基于认知语言学的翻译观

王寅在翻译的功能观基础上，兼顾体验哲学和认知语言学的基本观点，提出了自己的翻译观：翻译是一种认知活动，是以现实体验为背景的认知主体所参与的多重互动为认知基础的，译者在透彻理解源语言语篇所表达出的各类意义的基础上，尽量将其在目标语言中映射转述出来，在译文中应着力勾画出作者所欲描写的现实世界和认知世界。

认知语言学的基本观点是“现实—认知—语言”，认为客观的现实世界先作用于人的认知，然后再形成语言。所以现实先于认知，认知先于语言，语言是认知和现实互动的产物，其语言现象背后都蕴含着认知的规律，因此可以用原型范畴理论、ICM、隐喻、概念整合、意象图式等来解释语言的意义和句型。认知语言学的核心观点是思想、知识、意义都来源于感知体验。认知来源于感知体验，语言则是体验和认知互动的结果。对于翻译也是这样，从源语言到目标语也是体验和认知的互动结果。

认知的翻译观注重体验以及体验和认知的互动，因为翻译既可以说是人类最重要的语言交际活动，又是人的一种认知活动。因此，翻译中不管是过分的以现有文本为基础，一味地忠于原作者的意思，还是只注重接受者的单边理解和独家解释，势必都会将人类的语言交际置于巴比塔式的窘境。根据拟构的翻译的认知语言学模式，我们知道该模式不仅强调对两个世界的理解，而且还认为在翻译过程中应当兼顾“作者”“文本”“读者”三个要素。因此，王寅认为，翻译可视为是以现实体验为背景的认知主体将一种语言映射转述成另一种语言的认知活动，应兼顾几个要素，倡导和谐翻译理论。

总之，在当今认知语言学飞速发展的基础上，我们应当在翻译的认知模式指导下，促进认知语言学的理论和翻译实践更好地结合，这将为翻译研究带来全新的启迪。

三、实例分析

认知的翻译观注重体验以及体验和认知的互动。人们对客观世界的感知体验包含一定的主观因素，不同的人对同一事物的认知是存在差异的。由于体验和认知上的差异，作者和译者往往也会形成不同的概念化方式，因此不同的语言对同一个情景的语言描述也不尽相同。在翻译过程中若忽视这些差异则会造成译文不合译语章法，因此应当把翻译置于认知层面加以探讨。

（一）概念整合与翻译——以词汇的翻译为例

翻译过来的文章是翻译者利用本身文化心理模式和语言表现形式，对原文的结构及其文化心理模式理解的基础上，在交织空间进行整合的结果。当将其纳入概念整合网络后，翻译就具有动态性，我们也能更好地解释翻译的创造性和译文的多样性了。

翻译是源语和目的语之间的转换，中间涉及了广泛的认知运作。译者在翻译“crocodile tears”时很容易在汉语中找到对应的形式，即“鳄鱼的眼泪”，但词语本身所附着的源语使用者的认知联想以及表达的意象无法在目的语空间里找到，也不能产生相似的甚至同样的联想。

再如，“There is plenty of fish in the sea”等要怎么翻译才合适呢？此时，我们若再想用对应的方法来译成“有很多鱼在大海”是行不通的，概念整合理论能帮我们解决这种问题。这些都投射到了整合空间，并在该空间内形成层创结构：这里“fish”所指的是人。最后，译者可以用“天涯何处无芳草”来取得对等的效果。因此，在翻译的时候，我们就不能只试图使翻译出的汉语与英语拥有同样的语言结构，而应该着眼于使读者在欣赏译文时可以获得同样的意象和联系。

尼达指出人们通常认为译者必须精通两门语言知识，但这是远远不够的，要成为一个称职的译者，必须熟悉两国文化，才能读懂字里行间的意义。一个译者必须能感悟到源文有意隐含下来的意义，并能意识到这种隐含意义能否保留、该不该保留。

总之，由于源语空间和目的语空间在语言和文化等层面并非完全对应，在跨空间映射的过程中，译者有时很难抽象出两个输入空间的“对等”成分。在这种情况下，译者空间需要理解源语空间文本作者的思想，进而在目的语空间中映射出能够体现作者思想的结构。在译文空间的合成过程中，根据目的语空间的结构进行创造性的合成，使译文的读者能够体会到原文作者的思想。

（二）原型范畴和隐喻与翻译——以“there be”句型翻译为例

“There be”结构是英语中一个十分基本而又非常重要的结构，往往翻译为“某处有某人或某物”。但是，英汉语言不同的文化背景、不同的生活方式产生了不同的思维模式。这种思维差异引起的语言差异导致在实际翻译的时候往往出现不对等现象，因此不能将英语存在句以“某处有某物或某人”为模式硬套在其汉译表达上。同样，汉语存在句“某处有某物或某人”也不能硬套“there be”结构。认知语言学中的许多理论，如原型范畴理论、隐喻等给我们探讨“there be”句型提供了一个新的视角。

认知语言学对翻译的意义是不言而喻的。随着认知科学的发展，在认知的翻译观下将认知语言学理论和翻译系统结合，并应用到翻译实践中对推进认知语言学与翻译的跨学科研究具有重大作用，值得人们进一步深入。

第二节　英语微课教学与认知语言学模式

伴随着信息化时代的到来，大学英语教学面临着严峻的挑战。传统教学模式已经不能满足当今社会对教育的要求，微课应运而生，在现代大学英语教学中被广泛地应用。认知语言学是充分反映人本主义的语言学理论，微课是现代信息技术发展的产物，大学英语教学改革势在必行。这三者之间存在着怎样的关系？什么是认知语言学视角下的微课教学模式？本节将以认知语言学为理论依据，试图构建以微课为载体、以构式习得为目标的大学英语教学模式。希望通过该教学模式的构建推动现代信息技术、语言学理论与大学英语教学改革的有机融合。

一、概念界定

（一）“微课”的定义与特征

2008 年，戴维·彭罗斯正式提出微课这一概念，他认为微课是一种以建构主义为指导思想，以在线学习或移动学习为目的，以某个简要明确的主题或关键概念为教学内容，通过音频或视频影像录制的六十秒课程。我国微课的概念是由胡铁生于 2011 年提出的，他认为微课是按照新课程标准及教学实践要求，以教学视频为主要载体，反映教师在课堂教学中针对某个知识点或教学环节而开展教与学活动的各种教学资源的组合。微课可以分为三类：微视频资源、微课程与微课教学。鉴于微课教学具有组织性、计划性和系统性，教师在课堂教学中将微视频资源整合成课堂的一部分，可以进行符合正规要求的正式课程。本研究针对的就是微课教学。微课的实际应用特点主要是微型、精致、灵活。叶丹（2014）认为，微课视频能在短时间内抓住学生的注意力，并在学生能够集中精神的短时间内实现高效教学，发挥这一部分时间的最大价值。在微课教学模式的实施中，主要强调对重点内容进行讲解，将这些重点知识深深地印在学生脑海中，从而提高学生的学习效果和教学的有效性。微课在具体实施中可以灵活地与现代信息技术结合在一起，有效拓展学生的学习时间，使学生能随时随地进行有效学习。国外已将微课应用到课堂教学中，微课教学模式也成为国外教育者对微课应用研究的热点。国内微课应用在日常教学上的案例极少，相关应用研究也极少。为数不多的将微课融入大学英语教学的应用研究还停留在可行性分析层面。教育中的信息技术终究是一种技术和手段，不可能替代课堂教学本身，但如何将现代教育技术微课融合到传统课堂教学模式中是一个值得探讨的问题。

（二）认知语言学

认知语言学是认知心理学的重要分支，人类对大自然的感知是其基础。在认知领域，以人对客观世界的主观认识为核心。人类要表达对客观世界的感受，这一需求造就了语言。语言是人类主观认知的结果，所以人类主观认识的进步对语言的发展有很大作用。认知语言学的建立是以人类体验哲学为基础，遵循着“现实—认知—语言”原则。该原则强调了语言是人类对客观世界认知的产物，包括互动体验认知、概念化认知、意象图式认知和关联知识认知等认知途径。认知语言学认为语言有三个特质：语言的体验性原则、语言的隐喻性原则和语言的理据性。

（三）认知语言学视域下的教学模式

认知语言学突出了语言的价值和作用，并充分利用语言的优势推动教学模式的形成和发展。认知语言学重视语言的有效输入和输出，强调语境和语言使用的作用，为学习者创造大量的交际任务，使得交际者既形成语义构式，又能理解文化意义和社会意义。实际上，认知语言学以构式习得为重要教学目标，同时与语言的实际交流功能融合在一起。将认知语言学引入教学模式中，将更有利于发挥语言的交际功能，促进语言教学的实践性发展。认知语言学视域下教学模型的构建是高等教育领域的重大突破，对大学英语教学有着巨大的促进作用。

二、认知语言学视域下微课教学模式的构建与意义

当前高校微课的数量相对丰富，但应用还处于浅层次的探索阶段。我们可以学习和借鉴国外高校将微课应用于课堂教学的成功案例和经验，结合我国的大学英语课程标准，在认知语言学的理论指导下，将数字资源引入教学过程中，从而提高大学英语的教学水平和质量。

（一）认知语言学视域下的微课教学模式的构建

认知语言学视域下的微课教学模式是在课程的课前预习、课中学习和课后复习的三个学习过程中，以构式习得为最终目标，以微课为载体。在该教学模式中，教师借助科学合理的教学手段引导学生进行自主学习和个性化学习。学生通过预习、提出问题、体验活动、构建概念、习得构式、输出篇章、展示成果等方式学习并运用新知识。教师通过设计体验活动，构式显性教学，提供交际情境，回答学生疑问，组织小组协作，及时反馈组织课堂教学。在这一教学模式中，充分体现了以学生为主体、教师为主导的教学理念。

1. 课前预习

课前教师在充分掌握学生的学习需求和教学内容的基础上，制定传统的课件和教案。除此之外，还要制作微课教学视频或搜集网上的教学视

频资源。学生在预习完课本上的知识之后，可以观看微课视频进行自主学习。在此过程中，学生一方面可以了解课本知识的相关背景；另一方面，可以在预习的过程中发现并记录下问题，以便在课堂中有针对性地学习，这将极大地提高学生的学习效率和学习兴趣。教师在课前准备微课视频，学生通过观看微课视频提前预习课本内容并提出疑问。由此可见，微课教学模式在课前预习的应用中，教师的主导作用和学生的主体作用都得到了充分的发挥。

2. 课中学习

依据语言的学习原则，将大学英语课堂的学习分为以下四个步骤：体验活动、建构概念、构式习得和篇章输出。针对学生在预习过程中发现的问题，教师设计出合理的体验性学习任务，引导学生充分调动各种身体感官来认知概念和意义形成的过程。这些体验性的学习任务既可以是课堂真实体验，也可以是虚拟体验。而后者可以通过播放微课视频来完成。教师还可以利用微课视频展示概念的语义关联，使学生加深对意义的理解记忆。认知语言学认为，语言学习的最终目标是构式习得。因此，教师在课堂教学过程中通过调整构式的输入频率和顺序来提高学生的构式习得效率，促进低频构式的习得。教师在课堂上创设语言交际情境，布置以语篇为单位的输出任务，让学生以小组为单位完成任务，培养他们创造性地概括问题、使用构式的能力。并且教师要对学生的成果做出及时有效的反馈。学生在提出在预习中产生的疑问之后，在体验性活动中，主动地探讨、分析、归纳，理解概念意义，构造语义网络，形成意象图式，进而建构概念。与此同时，通过观看微课视频，概括构式的形式与功能，进一步地探索如何创造性地使用构式。通过小组合作，完成篇章输出任务，进行成果展示，完成语言学习的最终目标：知识内化与创新。在此过程中，对于重点、难点的深度理解和掌握是整个教学过程中的焦点。

3. 课后巩固

课后，教师要对课堂教学内容和教学效果进行反思，总结出相应的整改措施。与此同时，利用网络媒介与学生进行课后交流，及时反馈学生的问题。学生也需要就课堂所学内容进行及时的复习和反思，可借助微课视频复习巩固所学知识。能力强的学生也可借助微课进行知识的拓展和延伸。而学生能力是有差别的，能力弱的学生可以通过重复观看已经播放过的微课视频进行复习和巩固。利用微课等现代信息技术，教师和学生共同完成巩固拓展的任务。认知语言学视域下的微课教学模式，以微课为载体，以构式习得为目标，在教学过程的课前、课中、课后三个环节运用微课，使学生可以在课前自主预习、发现问题，课中理解并应用重难点，课后进行复习、巩固和拓展。

（二）认知语言学视域下的微课教学模式的意义

第一，以认知语言学为理论导向，将构式习得定为教学目标，优化输入构式，并且设计有创造性的任务，练习构式的输出，从而提高教学效率；第二，认知语言学视域下的微课教学模式是对微课教学的拓展和延伸，师生在课前、课中、课后都可以利用微课视频进行教学活动；第三，节约教师与学生的课堂内外时间，提高了教学和学习效率，培养了学生自主学习、自主探究与团队合作和创新能力。

认知语言学在大学英语教学改革中发挥着重要的作用。在借鉴认知语言学理论研究成果的同时，也应当运用其核心理论来重新审视大学英语教学改革的实践，把握时代的脉搏，积极推动数字化教学资源在教学中的应用。同时，如何在认知语言学的指导下建设微课资源库，以及如何将微课等数字教学资源更好地运用到大学英语教学中也是有待进一步研究和探讨的课题。

第三节 认知语言学与英语词汇教学模式

英语词汇的教学一直都是教师实施开展教学的重点与难点，词汇是学习掌握英语的基础，词汇的缺失将会导致语言沟通与文本写作等方面的困难。认知语言学作为当代语言学中最为重要的一项内容，在人类的学习与应用语言中存在其规律性，从而使人类对语言的学习变得轻松高效。

一、追溯根源对比模式

追溯根源对比模式又称溯源对比模式，主要是由奥苏贝尔早年提出的具有丰富意义的学习理论。以单词“tomato”为例，“tomato”是很简单易懂的一个词语，其概念意义就是“番茄”，但是在我们学习英语语义的过程中，发现了“tomato”还有很多的比喻手法，这一词语既可以喻人又可以指物。“tomato”作为一种普通的果蔬在英语词汇的教学中应用得非常广泛，原来早在17世纪，就有一位法国画家勇敢地尝试了当时以“有毒”为著称的浆果，冒着生命危险尝试后得出番茄无毒可以食用的结论，不久这个消息就轰动整个西方，并且迅速传遍了世界。番茄在他们的生活中扮演着非常重要的角色，所以就产生了众多与番茄相关的隐喻用法，这就被称为词汇的文化语义，因为番茄在当时被赋予美丽、漂亮、爱情等意义，所以其也可以被隐喻成“美女”这一含义。通过这些自然环境、文化习俗以及思维方式等多方面的隐喻，可以进一步帮助学生厘清思路，拓展学生思维。

二、情景认知互动模式

情景教学模式是指在实施教学的过程中，教师通过开展生动具体的创设场景，有目的地引导学生进行态度体验，帮助学生理解教学内容，使得学生的认知水平得到不断提高。情景导入的关键问题在于营造出能够激发学生的学习兴趣与热情，可以充分利用游戏教学的方式，使课堂内容生动、有趣，课堂氛围能够使学生一直处于亢奋状态。基于此，在学习 sitdown 一词的文化语义时，可以先带领学生进行一个关于 sitdown 的小游戏。要在课堂中布置一个抢椅子的小游戏，以 sitdown 为口号使学生在游戏中充分体会英文词汇的文化含义，利用场景来帮助学生进入学习状态，也使学生快速、深刻地记住词汇的文化内涵。游戏结束以后，及时巩固加深教学内容，使学生对于词汇的文化语义理解得更为深刻全面。

三、启发指导教学模式

认知语言学一直在强调学生自身对于知识的学习与理解，应该把学生定义在主体位置上，学生对于语言的学习积极性起着很大的促进作用。学生积极主动地学习能够在很大程度上提高学习效率，学生语言能力的提高在于理解、记忆、与实践的综合强化，这种综合强化带来的好处就是促进学生的语言能力，将学生对于词汇的短暂记忆变为长久记忆。因此教师在课堂的词汇教学中，不仅仅是传输词汇本身的形、音、义等方面的信息，还要向学生强调词汇信息的关联性与趣味性，通过这样的教学方法来帮助学生获得快速学习词汇的能力。

对于一些有英语基础的学生，英语词汇储备可以更好地帮助他们联想，英语中很多词语都是与其他英语词语共同衍生出来的，所以非常有利于语义网络节点的扩大与巩固。这种方法非常适用于课堂英语词汇的教学，可以有效地帮助学生扩大词汇量，提高学生的学习效果。形象的词义联系具体的想象，可以很好地帮助学生理解掌握英语词汇。

四、范畴理论应用模式

对于基本词义的拓展也是教师应该重视的内容，指引学生了解这些词语的基本含义，并逐步掌握英文词汇在不同范畴的语义及应用，这样就能够使学生的学习效率得到快速提高。在实行范畴理论时要适时运用归纳法，对相关的词语进行系统归纳，帮助学生系统化学习，进一步提高学生的语言能力。

范畴是指事物在认知上的分类，范畴目前可分为基本范畴、上位范畴以及下属范畴。基本范畴是最基本的层面，是学习英文词汇的基础，在课堂英文词汇学习中占有很高地位。所以，在英文词汇的课堂上，教师要重视对基本范畴英文词汇的作用，参照学习大纲结合英文词汇的用法，进行一系列的归纳与总结。这样不仅可以传授给学生科学的词汇学习方法，还能够提高词汇教学的课堂效果，从认知语言学的角度帮助学生构建起以范畴为核心的词汇网。

总而言之，随着认知语言学的发展，对于英文词汇的教学不再是以前简单的记忆法，而是从多个方面来培养学生运用词汇的能力。教师应该不断运用认知语言学的丰富理论与实践成果，来培养学生的阅读习惯，提高学生的自主学习能力，从而更好地帮助学生充分掌握在英文词汇方面的学习方法，进一步提高教学方法与质量。

第四节 批评认知语言学与外交话语模式

一方面，外交话语研究有助于理解他国的外交理念、外交立场和外交行为，从而更有效地预测他国的外交政策、外交行动以及国际关系发展趋势；另一方面，外交话语研究有助于建构我国特色的外交话语模式。

一、话语模式与外交话语模式

话语模式是一个跨学科的概念，在不同学科均有诸多成果产出。国内学者从课堂话语模式、文学话语模式、新闻话语模式、政策话语模式、传播话语模式和言语行为话语模式等不同视角研究了话语模式的内涵和表现形式。但是这些研究大多在外语教学、文学或叙事学、政治学和传播学等研究领域对词汇和修辞的话语模式进行探讨。例如，杨胜荣和郭强研究了 20 世纪 90 年代以来中国外交话语模式的传承与嬗变。该研究是唯一以外交话语模式为主题的论文，但该文侧重于从政治学研究的视角考察我国外交理念核心关键词和思维方式的变迁，缺乏对外交话语模式内涵的界定和分类。此外，武瑗华从话语秩序的视角研究了外交话语的言语行为模式。

总体上，目前学界尚未有批评认知语言学视角的话语模式研究，而以上研究所讨论的话语模式概念在研究领域、研究视角、研究内容和研究方法等方面与本节所指的话语模式有本质的区别。基于前人的研究和对外交话语语料的深入分析，作者尝试从批评认知语言学视角对话语模式和外交话语模式的内涵进行以下界定。

话语模式（discourse model）是指说话人为特定的话语功能或话语意图而使用的规律性的语言策略及其隐含的意识形态和话语逻辑。本研究对话语模式的定义体现了话语如何通过语言手段实现其社会功能，进而影响社会关系。通过对外交话语模式的研究，我们可以考察不同话语模式在外交实践中如何构建、维护或重塑国际关系。

外交话语模式（diplomatic discourse model）是指外交主体在外交实践中为达到特定的外交功能和外交意图而使用的规律性的语言策略及其隐含的意识形态和话语逻辑。具体体现为说话人在外交场合中自觉或不自觉地按照其固有的意识形态和话语逻辑选用特定的词汇、语法手段或修辞手法等语言策略实现其外交功能，包括传播外交理念（如正常化意识形态）、表达外交立场（如模糊化外交立场）、合法化外交行为（或非法化敌对方的外交行为），以及实现特定的外交意图或话语效果，表现为各种外交言语行为，包括同意、反对、抗议、谴责、警告、威胁、妥协、承诺、道歉、安慰、请求、解释等。

二、CDA 与批评认知语言学

批评话语分析（Critical Discourse Analysis，CDA）是一种特定的话语分析流派，其本质是揭示和批判话语潜在的意识形态和权力关系。CDA 的分析方法具有批评性与社会性的特点。CDA 的批评性不是通常意义上对文字的批评，而是“对社会关系的批判”，从而致力于阐释语言在创造和维护这些社会关系中所起的作用。

认知语言学是 CDA 中缺失的一环，CDA 常常因为缺少相应的认知理据而被学术界所诟病。认知语言学认为语言来自人的体验与认知，语言是人们对社会实践进行概念化的结果。语言描写的认知过程不仅能解释语言现象，更能揭示语言背后的认知机制以及概念化过程。

批评认知语言学（Critical Cognitive Linguistics），是一个融合了认知语言学理论与 CDA 的新型交叉学科。

与运用系统功能语言学理论的 CDA 相比，批评认知语言学具有以下优势：

（1）认知语言学理论与 CDA 的结合能使话语分析的过程更趋完整。认知语言学理论在话语分析中的应用有助于解构说话人在话语生成阶段的意图和听话人在话语解读阶段的认知过程，从而揭示文本背后的价值。

（2）认知语言学理论给 CDA 提供了新的分析范式和研究视角。例如，查特里斯—布莱克结合概念隐喻理论进行了深入的批评隐喻分析研究。

张辉和罗一丽运用认知语法理论进行了战略情报话语的批评分析。

（3）认知语言学理论能为CDA框架的建构提供必要的认知理据和理论支撑。例如，张天伟和郭彬彬探讨了批评话语分析中的话语策略和识解操作研究。徐中意从CDA视角结合系统功能语言学理论及话语空间、意象图式、认知模型等认知语言学理论构建了情态和言据性的认知—功能分析框架。

因篇幅所限，本节不再详细介绍批评认知语言学的研究理论和研究路径，具体可参考张辉和杨艳琴的论文和以上相关成果。

三、批评认知语言学视角下的外交话语模式分析框架

（一）总体框架和理念

费尔克劳提出，话语分析可分为三个阶段，即话语生成阶段、话语描述阶段（文本本身）、话语解读阶段。在此基础上，作者提出，认知是话语生产阶段和话语解读阶段必不可少的过程，话语的生成是说话人或作者的认知编码过程，而话语的解读是听众或读者的认知解码过程。这两个阶段很有必要结合认知语言学理论进行话语功能和话语效果的分析。

此外，语言的形式、意义和功能虽是三位一体的，但就话语分析的三个阶段而言，不同阶段各有侧重。语言的形式直接体现在文本中；但语言的功能常常存在于话语生成阶段，体现了说话人的话语意图，因为说话人对语言形式的选择源于他/她的话语意图和对语言的认知；而语言的意义是由读者来解读的，通常发生在话语解读阶段。

在批评认知语言学视角下，外交话语模式的三要素构成了话语分析的完整过程。话语生成阶段注重外交话语功能的研究。话语功能反映了说话人的意识形态和外交思想，是话语生成的来源和动力，对话语功能的研究体现了话语的认知建构过程和话语为社会实践服务的功能。语言

策略是外交语言的核心，是话语模式的显性表征。语言策略是外交主体采用的具有特定外交功能和外交效果的语言手段，包括词汇、语法和修辞等。言语行为则是话语解读的结果，言语行为反映外交话语的实际效果，是外交行为的语言表征。对言语行为的研究体现了话语对受众认知的影响和对社会关系的建构。

（二）外交话语模式的多层次分类与三大研究路径

外交话语模式可从宏观、中观和微观三个层面进行分类。

在宏观层面上，外交话语模式可以分为主题类的外交话语模式、个性类的外交话语模式、个性结合主题的外交话语模式。这些外交话语模式都可用相关的话语功能、语言策略和言语行为理念进行分析，重点考察这些话语模式如何维护、构建、修复或重塑外交关系。

在中观层面上，外交话语功能、外交语言策略和外交言语行为这三个要素相当于外交话语模式的三个类别或三种研究路径。每个类别在微观层面上又可以细分为不同的话语模式。

第一种研究路径——外交话语功能类话语模式（外交思想→话语生成阶段），即以研究外交话语功能为导向的外交话语模式，如正常化意识形态话语模式、模糊化外交立场话语模式和合法化外交行为话语模式等。这类外交话语模式的研究重点是外交话语功能以及话语背后的意识形态和话语意图，即在外交话语中说话人为达成某种特定的外交话语功能使用了何种语言策略或说话人使用某种语言策略有何话语功能。

第二种研究路径——外交语言策略类话语模式（外交语言→话语描述阶段 / 文本本身），即以研究词汇、语法和修辞手法等语言策略为导向的外交话语模式，包括词汇类话语模式、语法类话语模式和修辞类话语模式等，具体又可细分为情态模式、隐喻模式和言据性模式等。这类外交话语模式的研究起点是语言策略，重点关注语言本身，即特定的语言策略在外交话语中的表现形式和其独特的外交话语意义和功能。

第三种研究路径——外交言语行为类话语模式（外交行为→话语解读阶段），即以话语效果为导向的外交话语模式，包括外交话语表达了怎样的外交立场以及产生什么样的话语效果，以不同的言语行为来表达，如反对、抗议、警告、威胁、妥协、承诺、道歉等话语模式。这类外交话语模式重点关注外交话语的效果和说话人的话语逻辑，即某种特定的外交立场或外交言语行为是通过何种语言策略达成的。

综上所述，在批评认知语言学视角下，外交话语模式以外交思想、外交语言和外交行为为话语研究主体，以外交话语功能、外交语言策略和外交言语行为为重点研究对象，集外交话语的功能、形式、意义于一体，构成了话语分析的完整过程。三者的互动体现了外交话语模式的动态建构及外交话语对外交行为和国际关系的影响。

第五节　认知语言学与英语语法教学模式

长期以来，语法教学一直是高校英语教学中较为棘手的问题。一方面由于语法教学的内容枯燥，难以激发学生的学习兴趣；另一方面由于高校英语教学往往较为重视英语口语交际等方面的培养，忽略了较为基本的语法知识在语言习得与理解方面的重要性。随着认知科学的兴起与发展，以认知语言学理论来指导高校英语语法教学已成为历史的必然。认知语法提倡语法的整体性，重视语义在语法中所占的地位，以其全新的哲学背景和强大的理论解释有力地挑战着传统陈旧的语法教学模式。

一、传统语法教学的现状及缺陷

语法教学包括词汇教学和语法教学两个相互依存和相互作用的层面。传统的语法教学模式过分强调对词汇的意义与搭配的机械识记，忽略了词汇意义之间所蕴含的隐喻关系。这种词汇教学模式基本的表现形式是行为主义心理学所倡导的“刺激—反应”模式。其结果是造成词汇识记的任意性与机械性增强，词汇识记效率低下。在语法教学层面，传统的语法教学模式要么仅仅着眼于零碎语法点的讲授，由教师主宰整个教学过程，语法讲授充斥着大量孤立片面的语言形式和语法规则，对语法结构掌握始终停留在反复性地机械识记这一层面，使得语法教学的整体感与系统性不强，正确理解与运用语法的难度增加；要么在语法讲授的过程中过分强调语言的交际功能，淡化对语法原则的掌握，反而更加忽视语法对语言表层表达形式的规约与限制，从而生成大量不合语法的句子。大卫·艾里斯等学者指出，没有语法教学的理论指导，学生在交际过程中，语言运用的准确性就会大大降低。

总而言之，由于人们对语法的本质认识不清，缺乏先进的语言学理论指导英语语法教学实践，造成了传统语法教学手段单一，往往以机械记忆和语法翻译为主，或是盲目追求语言的交际功能而忽略了语法规则对语言形式的制约，从而造成了费时低效、学生学习积极性不高等一系列问题。

二、认知语言学的基本特征

认知语言学是在 20 世纪末“认知革命”产生的大背景下，作为对主流理论语言学流派“生成语法”的反叛而形成的一种新型的理论语言学流派。认知语言学以体验哲学（Embodied Philosophy）为背景，以概念结构和语义研究为核心，通过人类的认知方式和知识结构对语言做出一种全新的、跨学科的理论性解释。认知语言学理论包含众多理论模式，如认知语法、构式语法、隐喻与转喻研究、空间整合理论等，每一种模式都试图在人类认知结构的框架下，对自然语言的结构与生成提供深刻而全面的理论解释。认知语言学认为语法来源于生活，是生活和经验的概括与提升，语法的形成须参照人类对客观世界的体验与感知。认知语言学的基本特征体现在以下几个方面：

第一，将语义视为语法研究的核心。与生成语法不同，认知语言学将语义研究视为语法研究的核心要素，凸显出意义的核心作用。语义与认知主体的概念结构有关，因此，人类的认知模式、概念结构和外部环境等因素都以某种方式制约着意义的生成与解读。比如，通过对射体（trajector）和界标（landmark）等概念的区分解读不同的认知视角：

（1）a.The streets were lined with trees.

b.Trees lined the streets.

（2）a.The year has seen some great events.

b.Big events have taken place this year.

上述例句体现的是认知过程中不同的视角所产生的作用。其中 a 句体现的是局部视角，b 句体现的是整体视角。不同的认知视角作用于语言的语义结构，最终影响着句法结构的表现形式。语义的另一个特征可以表现为句法层面的相似性问题，即语言结构在语义关系上越接近，语法的表层形式也表现得越紧密，反之，在语义关系上越疏远的语言结构，在语法结构层面上也表现得越疏散。

第二，重视语法的符号学意义。以认知语法为代表的认知语言学强调语义在语法研究中的核心地位，同时重视语法在语言研究中的重要性。兰盖克认为：语法可以被还原成为意义与形式之间的配对关系。任何语法单位都具有语义内容，比如说名词、动词和形容词均可以得到语义上的描述。语法结构既体现出各类语言层次的表现形式，又能体现出各类语言结构在语义层次上的表现形式，比如 the book on the desk 和 the chair under the table 等结构都可以抽象为“NP+N”这一结构图式。

总而言之，认知语言学认为语言的基本特征是体验性、凸显性和注意性。在其语言观的指导下，语言被视为一种符号系统，外在的语言表达形式所表征的是概念化的内容。除此之外，认知语言学还认为，人类的语言能力是认知能力的一部分，与人类的社会、文化、交际等功能息息相关、不可分离。语言知识的产生源于语言使用者使用语言的过程，其语言知识存在于较为具体抽象的语言表达式之中。语言使用者的语言知识是动态的，会随着语言使用者语言经验的增加而不断进化。

三、认知语言学理论与语法教学

高校英语语法教学长期受到耗时低效、课堂教学效率不高、学生学习积极性差等问题的困扰。究其原因，主要在于高校教师对大学英语语法教学的本质理解不清，而且缺乏一套行之有效的语言学理论指导其教学实践。认知语言学以其坚实的哲学背景和强大的解释力对语言的本质和人类语言能力的本质给予了清晰透彻的剖析与阐释。作为一种新兴的、具有强大解释力的理论，认知语言学能够很好地解释自然语言现象和指导高校语法教学实践。因为认知语言学强调语法的象征性本质，更加注意构式意义的研究，将其应用于高校语法教学中，能够更好地明确语法教学中结构与意义的关系以及不同构式之间意义的差别。因此，认知语言学理论对于高校英语语法教学具有极为重要的指导和启发意义。运用认知语言学理论指导英语语法教学，应注意以下几个方面：

第一，凸显语法结构的语义特征，将构式的形式与意义相结合。认知语言学坚持体验哲学的认知观，将意义视为语言研究的核心，强调语法形式与意义的结合。因此，在高校英语语法教学中，教师在讲授语法知识时，应当将确定构式的语义作为第一要务，逐层剖析语法结构的语言层次，将词汇分析、语义分解等过程结合起来。比如在理解动词 clean 和名词 cleaner 的时候，教师应当注意动词 clean 凸显过程、名词 cleaner 凸显意义，对动词凸显过程的解析有利于对名词 cleaner 的理解。名词凸显的是由动词投射出的具体的“人”的概念。因此，高校语法教学应当坚持以意义理解为基础，将构式意义和语法形式相结合。

第二，坚持以讲解语法构式为主要内容，以具体的语言使用为基础。语言学习者的主要任务是对语言知识进行概念化，并在此基础上对语言的形式和意义进行整合与概括。认知语言学理论认为，构成语言的基本单位是语法构式，因此，语法教学应以语法构式为主要内容。在语法教学中，教师应当向学生讲授特定的句型和语法结构，帮助他们有效地习得语法构式。比如在向学生讲授诸如“John sent a gift to Mary”和“John sent Mary a gift”等句型结构时，应当注意，这两个结构在意义上并不完全相同，二者存在着结构转换关系。第一句是与格句式，强调的是物体 gift 向目标 Mary 移动的路径。第二句是双及物句式，强调 Mary 对物体 gift 的领有关系。此外，还需要将语法构式和语言的具体使用在语法教学中结合起来。总之，英语语法教学应当重视语法构式的讲授，强调语法的基本表达方式。

第三，转变大学英语语法教学观，构建认知语法教学模式。目前，高校英语教师大都认识到了语法教学在英语学习中的重要性。然而，大多数语法教师自身的语法体系较为陈旧、教学手段比较单一，加之缺乏与时俱进的语法教学观念，使得高校英语语法教学效率始终无法明显提高。这就要求语法教学应当转变教学观念，以认知语言学理论来指导语法教学实践。认知语言学理论强调语法的象征性，以具体的语言使用为基础、以语义研究为中心，重视语言形式与意义的高度统一。这就要求语法教学教师能够认识到语法的动态性特征，重视语法构式之间潜在的语义关系，以认知语言学理论指导英语语法教学。

由于传统英语语法教学存在各种各样的弊端，高校语法教学的效率一直得不到有效的提高。认知语言学以具体的语言使用为基础，以语义研究为中心，注重语言形式与意义的结合。以认知语言学理论指导高校英语语法教学实践，可以为语法分析提供正确的形式和认知方面的理论依据，为高校英语语法教学改革提供更多有益的启示。

第四章　大学英语的教学理念

大学英语教学是高等教育的一个有机组成部分，大学英语课程是大学生必修的一门基础课程。大学英语是以外语教学理论为指导，以英语语言知识与应用技能、跨文化交际和学习策略为主要内容，并集多种教学模式和教学手段为一体的教学体系。大学英语的教学理念是展开大学英语教学的基础。

第一节　教学原则与理论基础

一、教学原则

（一）以学生为中心

学生是教学活动的主体与内在因素，因而在英语教学中应坚持“以学生为中心”的原则，充分发挥学生的主观能动性，从而使教学质量得以提高，教学任务顺利完成。

以学生为中心就是在教学过程中从学生实际出发（包括真实的学习目标、真实的学习机制、真实的学习动机、真实的学习兴趣、真实的学习困难等），设计和开展英语教学活动，鼓励学生参与、体验教学活动，使他们在整个活动中处于中心地位，从而培养学生的语言能力、交际能力和可持续发展能力等。

教与学是英语教学活动的两个重要方面，二者有着密切的关系。在英语教学中，既要发挥教师的主导作用，又要努力调动学生的学习积极性，树立以学生为中心的思想。只有将教与学协调并配合起来，才能提高英语教学的质量。具体来说，教与学二者缺一不可。学生是学习的主体，要努力学习，勤学苦练。而教师则要为学生的学习创造条件，并随时为学生提供帮助。换句话说，教师的教应建立在学生的学上，教学中的一切工作都应围绕学生的学进行，即英语教学应以学生为中心。

（二）交际性

英语作为语言，是人类最重要的交际工具之一。语言的最本质功能是交际功能。美国社会语言学家海姆斯（1972）指出，交际是在特定语境中说话者和听话者、作者和读者之间的意义转换。由此我们便能总结出交际的以下几个特点。

（1）交际有口语和书面语两种形式。

（2）交际只在一定的语境中发生。

（3）交际需要两个以上的人参与。

（4）交际需要两个或多个参与者之间的互动。

学习英语的目的在于用英语进行交际。而英语教学的目的是培养学生使用这种交际工具的能力。能够运用所学的语言知识在不同的场合下对不同的对象进行有效得体的交际就是交际能力的核心。因此，在英语教学中我们必须贯彻交际性原则，使学生能够运用所学英语与人交流，要在教学过程中努力做到以下几点。

（1）充分认识英语课程的性质。

（2）为学生创设各种情景。

（3）注意培养学生语言使用的得体性。

（4）做到精讲多练。

（5）确保教学内容与教学活动的真实性。

（三）系统性

要认识英语教学是什么以及与交际的关系，还必须看到英语教学的系统性。系统论的创始人贝特朗菲认为“系统”即有相互作用的元素的综合体。辩证唯物主义认为：“我们所面对着的整个自然界形成一个体系，即各种物体相互联系的总体，……这些物体是互相联系的，这就是说，它们是相互作用着的，并且正是这种相互作用构成了运动。”现在人们已经认识到无论是物质世界还是思维领域都具有系统性。大到人类社会是个系统，小到我们的人体也是一个系统，一个工厂、一个车间、一台机器都是系统。研究事物系统性的科学就是系统论。系统性原则的作用主要体现在三个方面：首先，使学生对所学内容有比较系统、完整的概念；其次，能够建立起各个部分知识之间和新旧知识之间的联系；最后，能够清晰且有层次地消化所学内容。

系统性原则要求教学内容的安排，教学要求的逐步提高和完成，应有一定的顺序和系统，要引导学生逐渐地掌握知识和技能。知识和技能是逐步地点滴积累和培养而成的。新的知识和技能是在旧的知识和技能基础上获得的，比较高的技能只有在最基本的技能基础上才能获得。只想培养较高的技能而忽视基本功的训练是达不到目的的，但仅仅停留在基础阶段，而不向较高的方面去发展，也不能完成学校的培养目标。为此，研究各年级的练习体系是个十分重要的问题。科学的练习体系与提高教学质量有着密切的关系。其次，一门课程的系统知识和技能只能是长期地、逐步地、点滴地取得的，而不是依靠短时期集中突击可以生效的。否则即使暂时取得某些知识和技能，也很快就会遗忘消失。因此，这就需要教师在教学中坚持系统性原则。要遵循系统性原则，应从下面几个方面入手。

（1）教学内容的安排要有严密的计划和顺序。

（2）教师应该有计划、有步骤地进行教学工作。

（3）指导学生系统连贯地进行学习。

（4）要注意各年级语言材料、知识、技能之间的衔接。

（四）真实性

所谓真实性原则就是为了提高英语教学质量、教学效率和教学成绩，英语教师应该对教育因素的真实内涵，尤其是英语教育的真实目的、学生的真实学习目的和动力、真实学习兴趣与真实学习困难和真实的英语学习动机等有所把握，并保证英语教学中的语义、语境、语用材料、教学过程、教学策略、教学方法和技巧以及教学技术等因素的真实性。在英语教学中，遵循真实性原则就是保证各个环节的真实，以培养学生综合语言运用能力为总目标，以交际法和任务型教学为策略，在真实的环境中获得真实的语言能力。

在英语教学中要实现真实性原则，需要做到以下几个方面。

（1）把握真实语言运用的目的。

（2）采用语用真实的教学内容。

（3）设计组织语用真实的课堂教学活动。

（4）设计编排语用真实的教学检测评估方案。

（五）循序渐进性

所谓循序渐进性原则，是指教学活动要结合学科的逻辑结构和学生的身心发展情况，有次序、有步骤地进行，以期使学生有效地掌握系统的知识，促进身心的健康发展。这一原则是科学知识发展的客观要求，也是教学制约于学生身心发展规律的反映。循序渐进有利于将学生的已有知识、生活经验及好奇心联系起来，有助于他们认清事物发生及发展的过程，明晰所学内容的条理，逐步掌握解决问题的方法，形成解决问题的能力。贯彻这一原则需要做到下面几个方面。

（1）精心设计每个教学环节，明确各个教学环节的目标，选择最佳的方法及手段，使知识的呈现生活化和生动化，使形象向抽象逐步过渡、操作技能与逻辑思维的发展有机结合。

（2）保证每个教学环节过渡得自然，做到承上启下。

（3）有序拓展知识网络，懂得每一次的学习都是知识的又一次积累和补充，以便形成较为完整的知识体系。

（六）发展性

教学是传授知识的过程，也是促进学生身心发展的过程。在传授知识的同时，促进学生的身心发展是教学过程的客观要求。教学的发展性规律主要是指在教学过程中，在传授知识的同时，影响着以智力为核心的身心发展，学生以智力为核心的身心发展又影响着学生对知识的掌握。据此，我们着重分析一下掌握知识与发展智力之间的关系。在教学过程中，向学生传授知识和发展学生智力并不是相互对立和相互排斥的，而是相互促进、相互影响、相辅相成的。因此，学生的发展可以被看成是一个生命整体的成长，并且这个发展过程既有内在的和谐性，又有外在能力的多样性以及身心发展的统一性。要实现英语教学的发展性，需要做到下面三点。

（1）教师要关注每个学生的成长，以保证所有学生都得到发展。

（2）充分挖掘课堂存在的智力和非智力资源，并合理、有机地实施教学，使之成为促进学生发展的有利资源。

（3）为学生设计一些对智慧和意志有挑战性的教学情景，激发他们的探索和实践精神，使教学充满激情和生命气息。

（七）文化导入原则

众所周知，语言是文化的载体，语言离不开文化，语言也不能脱离社会而存在。此外，语言还是了解社会现实生活的导向。通过语言特征分析和使用过程，可以了解一个民族的思维以及生活的特点。可以说，语言是文化的镜子，也是文化的表现形式。因此，在进行英语教学时要重视英语国家的文化和社会习俗，帮助学生了解文化差异，扩展视野，不能穷追，不能回避，也不能胡乱解释或更改。由于学英语是为了用英语，用英语是一种文化交际，如果不尊重英语国家文化，也就很难得体地使用语言，进一步会妨碍彼此的沟通。中华人民共和国教育部制定的《全日制义务教育普通高级中学英语课程标准》中明确指出："此次英语课程改革的重点就是要改变英语课程过分重视语法和词汇知识的讲解与传授、忽视对学生实际语言运用能力的培养倾向……使语言学习的过程成为学生形成积极的情感态度、主动思维和大胆实践、提高跨文化意识和形成自主学习能力的过程。"普通高中的英语教学要求尚且如此，大学英语教学更要注重文化的导入。

在英语教学活动中，我们可以从以下几个方面来进行文化教学。

（1）注意捕捉教材中的文化信息。

（2）运用真实的情景教授文化知识。

（3）认真分析中西方文化的差异。

（4）充分利用多媒体与网络进行教学。

（八）可持续发展原则

在完成基础英语教学阶段的学习之后，学生还要向更高级别的英语教学阶段发展，继续进行英语学习，因此，在英语教学中，教师就要坚持可持续发展原则，在实践中自觉地为学生打好向高级阶段学习的基础。具体可从下面两个方面入手。

1. 做好知识的前后正迁移

遗忘是学习任何知识都不可避免的问题，因此我们必须通过巩固来习得语言知识。但是，仅凭消极的巩固往往得不到满意的效果，因此需要在教学中培养学生的英语实践能力，也就是在发展中达到巩固，以巩固求发展。而巩固性和发展性需要会在概念同化、知识和技能的迁移中体现出来。例如，在讲解间接引语“Granny told you not to be late for school.”中的新句型时，需要由学过的旧句型 Don’t... 引入。可以说，在讲解句型“Don’t be late for school.”时也对旧句型进行了复习，这就达到了巩固的目的，提高了 Don’t... 的可利用性。但新旧句型还是有一定区别的，其关键是要将 don’t... 改成 not to...。因此，教学中应尽可能地通过各种方法来增大正迁移量，以便学生更好地掌握知识和实践能力。

2. 培养学生学习英语的正确态度

结合学习内容讨论情感问题。在日常的英语课堂教学中，教师要注意积极情感态度的培养，针对学生学习过程中出现的具体问题进行引导，帮助学生解决情感态度方面的问题。建立情感态度的沟通渠道。情感态度的沟通和交流渠道可以通过教师在课堂教学中建立起来，例如建设融洽、民主、团结、相互尊重的课堂氛围等。有些情感态度以集体讨论，有些问题则需要师生之间进行有针对性的单独探讨。但在沟通和讨论过程中，教师要注意尊重学生的感受，避免伤害学生的自尊心。同时，情感具有外在和内在的表现，教师要仔细观察，了解学生的情感态度，以培养学生积极的情感，消除消极的情感。

二、理论基础

（一）比较语言学

19 世纪，在语言研究内部发展需求的推动下，在比较解剖学、生物进化学说等自然科学以及其他因素的影响下，语言学家开始将语言作为一个独立的对象进行研究，并形成了历史比较的研究方法，从而形成了语言学史上的第一个相对独立的学派——历史比较语言学，是把两种或两种以上的语言放在一起加以共时比较或把同一种语言的历史发展的各个不同阶段进行历时比较，以找出它们之间在语音、词汇、语法上的对应关系和异同的一门学科。利用这门学科既可以研究相关语言之间结构上的亲缘关系，找出它们的共同母语，或明白各种语言自身的特点对语言教学起到促进作用，又可以找出语言发展、变化的轨迹和导致语言发展、变化的原因。比较语言学既可以用来研究相关语言之间结构上的亲缘关系，找出它们的共同母语，又可以找出语言发展、变化的轨迹和导致语言发展、变化的原因。比较语言学起源于 18 世纪的欧洲，被广泛应用于 19 世纪的印欧语的研究中，并获得了较大的成果。

（二）结构主义语言学

结构主义语言学认为语言是一个内部相对独立的、自足的抽象符号系统，关注语音、词素、单词、短语、句子等语言单位在整体符号系统中的地位，主要从共时角度对各语言成分之间关系进行描述。索绪尔的结构主义语言学理论主要产生了下面两个影响。

1. 为现代语言学的研究指明了方向

索绪尔除了系统地阐述了语言的符号性质，明确了现代语言学的研究方向，还规定了语言学研究的任务，即把语言作为一个单位系统和关系系统进行共时的结构描写和分析，目的是揭示语言结构的共时特点和规律，从而认识语言的本质。在索绪尔结构主义语言学理论的影响下，二十世纪二三十年代，语言学从历时研究转向了共时分析，语言学界不仅出现了结构主义的三大流派（如哥本哈根学派、布拉格学派、美国描写语言学派），还启发和影响了其他学派（如伦敦学派、莫斯科学派以及后来的系统功能语法、生成语法等）。

2. 为现代语言学奠定了方法论基础

根据结构主义的基本理论，索绪尔对语言做出了几种相互关联的二分：语言和言语、共时和历时、内部和外部，并且提出语言各个层面的要素都存在着两种根本的关系，即对立与互补、组合与聚合。索绪尔的这些分析和思考不仅明确了语言研究的范围，而且确定了结构主义语言学的方法论基础。

（三）社会语言学

语言是人类社会的特殊现象及最重要的交际工具，语言离不开社会，语言学必然离不开社会学。人类语言的发展与社会发展密切相关，相互依存，语言不可能离开社会而独立存在，没有了语言人类社会就会停滞和崩溃。人类虽然有语言的生理本能，但离开了社会环境就会丧失这种本能，即语言习得也离不开社会。社会语言学就是研究语言及社会的相互关系、相互作用、相互影响的学科。它是指运用语言学和社会学等学科的理论和方法，从不同的社会科学的角度去研究语言的社会本质和差异的一门学科。社会语言学的观点是，语言的最本质功能是语言的社会交际功能。海姆斯认为，社会化的过程是一个儿童习得母语的最好环境，这不仅能使他们理解本族语的习惯并说出符合语法的句子，而且能在一定的场合和情景中恰当地使用语言。1996 年，海姆斯提出了“交际能力”理论。他指出，交际能力是运用语言进行社会交往的能力，既包括言语行为的语法正确性，又包括言语行为的社交得体性；既包括语言能力，又包括影响语言使用的社会文化意识的言语能力。

（四）行为主义心理学

行为主义产生于20世纪50年代的美国，华生和斯金纳是其代表人物。华生认为，人和动物的行为有一个共同的因素，即刺激和反应。心理学只应该关心外部刺激怎样决定某种反应，而不应去管行为的内部过程。他还指出，动物和人的一切复杂行为都是在环境的影响下由学习而获得。斯金纳在其出版的《言语行为》一书中，提出了行为主义关于言语行为系统的看法。他认为，人类的言语、言语的每一部分都是由于某种刺激的存在而产生的。这里的“某种刺激”可能是言语的刺激，也可能是外部的刺激或内部的刺激。关于斯金纳的条件反射理论，下面举了一个非常恰当的例子：一个人口渴时会说：“I would like a glass of water.”斯金纳还指出，人的言语行为跟大多数其他行为一样，是一种操作性的行为，是通过各种强化手段获得的。因此，课堂上如果学生做出了操作性的反应后，教师要及时给予强化，学生回答正确就说“好”或“正确”，回答错误就说“不对”或“错了”，这样学生的言语行为就会得到不断强化，发生错误的可能性就会降低，从而学会使用与其语言社区相适应的语言形式。语言学习是在不断强化的过程中形成的。当反应“重复”出现时，学习就发生了。

（五）人本主义心理学

人本主义心理学追求“以人为本”和“以整体人为对象”的理论宗旨。因为人本主义心理学存在着与行为主义心理学和精神分析学派不同的理论旨趣和思维方法，所以，心理学界把人本主义心理学称为心理学中的“第三种势力”。人本主义学习理论的观点如下。

（1）人本主义学习理论强调人的价值，重视人的意识所具有的主观性、选择能力和意愿。

（2）人本主义学习理论认为，学习是人的自我实现，是丰富人性的形成。

（3）人本主义学习理论强调，学习者是学习的主体，应该得到尊重，任何正常的学习者都有能力教育自己。

（4）人本主义学习理论还提出，人际关系是学习者有效学习的重要条件，它在学与教的活动中创造了“接受”的氛围。

总之，语言学习既离不开教师对语言知识的传授，又离不开大量的语言实践活动；学习语言的目的是交流信息、沟通思想，因而教师与学生面对面的语言交流和互动才是最有效的学习途径。由于情感因素是人本主义学习理论的最大特点，所以教师在语言教学中，要坚持以学生为中心，突出学习过程和自我实现的价值，认真贯彻“以人为本”的原则。

（六）发生认识论

瑞士著名心理学家皮亚杰在20世纪60年代初提出并创立了发生认识论。综合运用哲学、心理学、逻辑学、生物学等基本理论，研究什么是知识，知识从何处来，以及认识的形成条件等。着重探讨知识的个体发展和历史发展。目的是建立能综合个体发生资料和种系发生资料的一般认识发展理论。该理论试图以认识的历史、社会根源以及认识所依据的概念和“运算”的心理起源为根据来解释认识，特别是解释科学认识。发生认识论主要研究知识是如何形成和发展的。

皮亚杰指出，不管人的知识多么高深、复杂，都是从童年时期开始的，甚至可以追溯到胚胎时期。所以儿童从出生起，怎样形成认识，如何发展智力思维，它是受哪些因素所制约的，它的内在结构是怎样的，各种不同水平的智力、思维结构是按怎样的顺序出现的，这些都是值得探究和思考的问题。

（七）建构主义理论

建构主义理论是由认知主义学习理论发展而来的，它从认识论的高度提出了认识的建构性原则，强调了认识的能动性。建构主义的代表人物有皮亚杰、科恩伯格、斯滕伯格、卡茨、维果斯基等。在皮亚杰提出的“认知结构说”的基础上，科恩伯格进一步研究了认知结构的性质与发展条件；斯滕伯格和卡茨等人强调人体的主动性在建构认知结构过程中的作用，并探索了认知过程中如何发挥个体的主动性；维果斯基提出的“文化历史发展理论”强调学习者所处的社会文化、历史背景在认知过程中的作用，并提出了“最近发展区”的理论。这些研究进一步丰富和完善了建构主义理论，为理论更好地应用于教学创造了条件。

建构主义理论的基本观点是，学习需要在教师的指导下坚持以学生为中心的原则。也就是说，该理论主张学生是信息加工的主体，是意义的主动建构者，而不是外部刺激的被动接受者和被灌输的对象。教师是学习的意义建构的帮助者和促进者，而不是知识的传授者和灌输者。直到20 世纪 90 年代，随着科学技术的迅猛发展，多媒体和网络技术为建构主义理论学习环境提供了技术支持，使建构主义学习理论教学设计思想得以实现。

（八）第二语言习得理论

作为一门独立的学科，第二语言习得理论真正形成于20世纪70年代。该理论的主要代表人物是美国南加州大学语言学系的教授克拉申。克拉申是在总结自己和他人经验的基础上提出的这一理论。该理论共包含了五个假设，即习得 / 学习假设（ the acquisition/learning hypothesis ）、自然顺序假设（the natural order hypothesis）、监控假设（the monitor hypothesis）、输入假设（the input hypothesis）和情感过滤假设（the affective fiber hypothesis）。

1. 习得 / 学习假设

根据习得和学习假设，培养外语能力主要有两种途径：习得和学习。习得是一种自然的方式，它是一种不被察觉的过程：学习者在有意义的交际中，通过对语言的理解和使用，自然地形成使用语言的能力。而学习则是一种有意识地学习语言规则的过程。学习的目的是弄懂语言知识，并能表述出语言的规则。

对“习得”和“学习”的区分，以及对它们各自在习得者第二语言能力形成过程中所起的作用的认识，是克拉申理论的出发点和核心。在习得 / 学习假设中，克拉申将学习和习得明确地分开，他将习得看作在学习者无意识的状态下获得语言的过程，学习是学习者有意识地通过课堂学习等方式获得语言的过程，甚至可以说，习得和学习的知识处在大脑的不同部位。

2. 自然顺序假设

研究发现，正如第一语言习得一样，第二语言习得也揭示出一种可以预见的顺序习得语言规律。学习者对某些规则掌握得快慢并不仅仅由规则的简单或复杂决定。最简单的规则不一定是最先习得的规则。即使在第二语言教学的课堂上，同样存在这种自然顺序。无论是否接受正规课堂教学，外语学习者总是以一种大致相同的顺序来习得第二语言。如一般现在时中，第三人称单数要加 -s，这个规则十分简单，但即便高水平的第二语言习得者在其语言产出中也往往无法正确地使用它。

3. 监控假设

监控假设与习得 / 学习假设有着密切的关系，它体现了语言“习得”与“学习”的内在关系。语言习得系统（即潜意识语言知识）才是真正的语言能力。而语言学得系统（即有意识的语言知识）只在第二语言运用时起监控或编辑的作用。这种监控作用既可发生在语言输出前也可能发生在其后。

需要指出的是，监控能否发挥作用还要取决于三个条件。

（1）要有充足的时间。

（2）必须将注意力放在语言形式的正确性上。

（3）需要知道如何运用规则。

4. 情感过滤假设

“情感过滤”是一种内在的处理系统，它在潜意识上以心理学家们称之为“情感”的因素阻止学习者对语言的吸收，它是阻止学习者完全消化其在学习中所获得的综合输入内容的一种心理障碍。

5. 输入和输出假设

输入假设也是由克拉申提出的重要的语言习得理论。他认为，只有习得者接触到“可理解的语言输入”，即比现有的语言技能水平略高，而他又将注意力集中在对意义或对信息的理解而不是对形式的理解上时，才能产生习得。这一理论的公式为：i+1（i 表示习得者现有的语言技能水平，1 表示略高于习得者现有水平的语言材料）。

克拉申的输入假设和斯温纳的输出假设是从两个不同的侧面来讨论语言习得的观点，都有其合理成分，都对外语教学有一定的启示。与克拉申的输入假设不同，斯温认为，输出对第二语言习得的影响更大。斯温根据自己的“沉浸式”教学实验，提出了输出假设，认为语言输入是第二语言习得的必要条件，但不是充分条件；要使学习者达到较高的外语水平，除了靠可理解性输入，还需要可理解性输出；学生需要被迫使利用现有语言资源，对将要输出的语言进行构思，保证其更恰当、更准确，并能被听者理解。这样既可以提高学习者语言使用的流利程度，又能使他们意识到自己在使用语言的过程中存在的问题。因此，在外语课堂教学中，教师应给学生足够的时间和机会使用语言，以提高他们使用语言的流利性和准确性。

第二节　大学英语的教学因素

一、学校规定与环境

学校是培养人才的基地，是国家教育法律和法规的执行机构，是培养社会上所需求人才的摇篮，一所学校在制定相关教学规定和文件时对其培养的人才的教学活动起着重要的制约作用，而一所学校的校园文化学习环境对其人才的培养同样起着重要的作用。其具体影响和作用主要是通过下面几个方面体现出来的：课程与学分设置、课程设计与教学大纲制订、课堂教学及校园第二课堂的组织与管理等。

二、教师及其环境

教师是大学英语教学的重要因素之一，在英语教学中起着主导作用。在大学英语教学中，教师一般会扮演两种角色，即掌控者和引导者。作为一位合格的英语教师，首先应该具有纯正的英语发音。然而，并非所有的英语教师都具备这一能力，所以教师可借助多媒体等手段来弥补自己的不足，保证学生能听到纯正的英语发音。另外，在讲解单词、句子、课文时，教师应进行必要的解释，要反复讲解难懂的知识点。

在英语课堂上，教师的讲话常常占据了课堂的大部分时间，不可否认，教师的讲解有利于学生掌握语言知识，但也不能因此霸占了学生的练习时间。同时，教师还要注意采用多样的教学形式，以增强课堂的趣味性。一个有着丰富经验的英语教师应该有极强的应变能力，能预测课堂活动中出现的状况，能很好地处理课堂上的突发事件，确保课堂活动的有序展开。

教师还要不断改变自己的提问方式、语言运用方式和提供反馈的方式。在英语课堂上，提问是教师常用的一种教学策略。通过提问，可以有效激发学生的学习兴趣，促使学生积极思考，帮助教师诱导某些知识结构。另外，语言运用的方式也很重要，为了让学生对所学知识有一个充分的了解，教师在教学中可以采用重复话语、降低语速、增加停顿、改变发音、调整措辞、简化语法规则、调整语篇等措施。

提供反馈是指教师对学生的学习情况做出反馈。教师的反馈可以是对学生话语的回答，如表示学生回答正确或错误、赞扬鼓励、扩展学生的答案、重复学生所答、总结学生回答、批评等。

综上所述，教师是大学英语教学的实施人，是大学英语学习者的亲密伙伴，是大学英语教学不可或缺的关键要素，教师及其环境对大学英语教学有着至关重要的作用。

三、教材与教法

（一）教材

教材分广义和狭义两种。狭义上的教材是指严格意义上的教材，也是教学中使用的主干教材，对于我国大多数英语学习者来说，他们使用的多是这类教材，通过对这种教材的学习可以掌握大量的知识和技能。历史上这类教材在教学过程和体系中始终占有重要的地位，直到今天它也依然占据主导地位。而广义的教材就是一些教学的辅助材料或相关教学材料。其实这类教材不仅包括传统意义上的教学辅助材料和教学相关材料，还包括利用现代教育技术而生成的电子版教学材料和网络学习以及软件学习材料。而如今我们使用的教材是以上两者的结合。教育管理部门对教材也做了科学的解释：“凡是有利于学生增长知识或发展技能的材料都可称作教材。”鉴于教材在教学中的重要地位和影响，只有教师有着正确、全面的教材观，才能充分发挥教材的优势和作用，发挥教和学的多元化、多渠道、多方位功能，最大化地提高教学效率，从而提高教学效果。

此外，语言教材与其他学科的教材是有区别的。大学英语教材所承担的任务比其他教材还要艰巨。首先，教材要坚持科学的语言学习观，即通过教材的编写向学习者输入一定的语言学习理念；其次，教材要尽可能根据学习者的学习规律和需求为其提供大量的语言素材，使学习者在不利的语言学习环境下也能提高学习效率。

如果将大学英语教学过程看成是一个链条，课堂教学则是整个教学链上的一环，而教材只是这里的一种载体或媒介，甚至只是一个课本而已，但在缺乏语言学习环境的条件下，就是这个小角色，承载着课堂教学的大多负荷和希望，可见，教材对英语课堂教学有着至关重要的作用。

（二）教学方法

此处教法指的是教学理论、方式、方法和途径。在大学英语教学过程中，具备了等同的教师、教材、学生等教学要素，教学效果却时常会大不相同，因为这里还存在着许多的变量，例如，由于教学方法的不同，即使是同一个教师，运用相同的教材，面对近乎相同的学生，其教学效果也会大不一样。而不同的教师运用不同的教材和不同的教学方式与方法来教不同的学生则会对教学效果产生千差万别的影响和作用。因为教学过程中的任何变量都会对教学过程产生影响，直至影响到最终的教学效果。教法不同，也会对其他关键的教学要素诸如教师和学生等产生影响，自然也会影响教学效果。

四、学生及其环境

学生及其环境指的是学习者个人及其学习环境，这里包括的不是学习者个人及其周围小环境，而是包括学习者群体及其学习的大环境。学生是整个教学链中的最后一个环节，也是最为重要的一个环节，因为前面所有的步骤和环节的努力都是为了这最为重要的接受教育的主体服务。学习者学习的效果最优化是整个教学过程和教学活动的终极目标，而学习者这个群体及其共同学习而产生的大环境将直接影响着大学英语教学的效果。在英语教学中，学生常会扮演以下四种角色。

（1）主人。学生是英语教学的主人。学生对知识的探索、发现、吸收以及内化等实践都有利于知识体系的构建，有利于形成科学的世界观、人生观和价值观。

（2）参与者。作为英语教学活动的重要参与者，学生还应积极主动地参与到各项活动中，积极思考，勇于表达自己的观点，展示个人的才能。

（3）合作者。英语课堂活动是师生之间及学生之间共同进行的，因而团队合作是不可缺少的。在合作中，他们可以相互学习、相互帮助，共同提高。

（4）反馈者。在英语教学中，学生对教学的反馈是教师教学的重要依据。学生可以结合自身的学习经历和教学法的实用性向教师提出建议或意见，并协助教师改进和完善教学内容和教学方法，从而提高教学效果。

一般来讲，学生这个群体及其共同学习产生的大环境将会对大学英语教学产生巨大的影响。具体由学生的以下因素产生。

（1）学生本身已具备的语言知识资源将对其未来语言学习产生影响。

（2）学生本身的学习动机对大学英语教学也有很大的影响。

（3）学生的年龄对学习也有很大的影响。

关于影响学习者学习效果还有一些其他因素，如心理、兴趣、性格和学习策略等。由于学习者是学习的主体，其结果必然是与这个主体相关的很多因素都会对学习的效果产生一定的影响，同样道理，这些因素对大学英语教学也会产生影响。

第三节　大学英语的教学方法

一、情景教学法

（一）情景教学法概述

情景教学法又称视听法，是指教师根据课程内容，利用实物、图片、电教设备、动作表演及学生的真实心理，要求学生根据实际情景进行交际学习，面对复杂多变的因素做出独立的判断和灵活的应对。

情景法是 20 世纪 30 年代至 60 年代期间由英国应用语言学家创立的英语教学法。创立此现代英语课堂教学理论与实践方法的主要代表人物有帕尔默和霍恩比。它是由建构主义理论、情景认知理论等多种学说汇集而成，而且符合人类大脑的活动过程。根据生理学家的有关研究，人体大脑的左脑半球主要负责执行语言、逻辑、数学和书写等分析性的任务，而大脑的右半球则负责处理空间概念、图表、图案、音乐、颜色等直观的事物。虽然大脑的两个半球分别执行不同的任务，但二者并非孤立运行，而是需要相互补充、相互支持、相互协作的。情景教学法既注重听说，又重视身临其境的表演。通过这种方式进行英语教学，可以保持两个脑半球始终处于兴奋的状态，使思想高度集中，有利于加深学习者的印象、提高其记忆效果。甚至一些学生在课堂上临时表演的几分钟内，就可以记住一个短语、句子，甚至是一段话，而且能保持长时间的记忆。

（二）应用到大学英语教学中的作用

1. 有利于活跃课堂气氛

英语教学应在真实情景或模拟情景中进行，而英语学习需要社会互动和合作，这既是情境教学的重要组成部分，也是情境教学产生的必要前提。在情景教学法中，教师可以引导学生模拟各种情景，如问路、购物、打电话等，学生扮演各种角色，能够反复使用一些词汇和句式，从而更好地掌握语言知识。情景教学法形式多样，内容活泼有趣，能有效地集中学生的注意力，驱散学生的疲劳和厌倦，充分调动学生的兴趣，活跃课堂的气氛。

2. 有利于强化社会技能体验

情景教学法可以使学生在真实的情景中灵活地运用自己的语言和交际技巧，进而完成不同的学习任务。这种真实的情景模拟教学可以使学生在实践中学习，强化意识，深化有关社会技能的体验及感受。在各类实战的情景教学中，学生能够积累大量的理论知识，提高应变能力，从而使他们的社会技能得到强化和提高。

3. 有利于掌握地道的英语

英语中许多单词和句子在不同的情景中具有不同的意义。例如，“It’ s on me today.”在特定的环境中有“今天我请客”的意思，如果没有特定的环境，那么就很难把握其确切含义。因此，在英语教学中模拟真实的语言情景有利于学生较快地掌握单词和句子的用法，从而习得地道的英语。

（三）方法

进行情景教学的方法主要有下面几种。

1. 激活情景

通过激活情景的方法展开英语教学可以有效提高学生的学习热情，强化他们的求知欲。如今市面上出现的很多英语教材都采用彩色图画的形式，还伴有大量的情景对话，教师应充分利用这类教材，加深学生的印象。此外，教师还要在上第一堂课时让每个学生都取一个英文名字，并要求他们经常使用这个名字，使学生产生身临其境的感觉，这也是激活情景的有效方法。

2. 创设情景

教学情境创设的策略多种多样，它因人因时而异，依靠教师的经验和教学规律来择定。例如，在教授有关工作的知识时，可以让学生用英语描绘自己以后想要从事的工作，也可以介绍家人的工作，或者进行情景对话，让学生感受到英语在日常生活中的实用性。总之，创设情景可以激发学生的表达欲望，从而调动学生参与的积极性。

3. 渲染情景

受客观条件的限制，在课堂上模拟情景常常无法达到预期的效果。而通过渲染情景的方法就可以很容易实现这一目的，如运用录音、投影仪、多媒体等手段，让学生走入情景、理解情景、表演情景，以此突破语言关。渲染情景可以生动、形象地再现有关对话的时空、地点，加深学生对语言的理解，帮助学生在语言与表达对象之间建立起联系，从而充分调动积极性，使他们以乐观的态度进行英语交际活动。

4. 烘托情景

烘托情景的有效方法就是音乐。音乐是微妙的，也是强烈的，它能给人美的享受，令人心旷神怡，并以它独特的旋律和节奏烘托情景。如果能将音乐巧妙地融入英语教学中，将会更好地表达情景内容，缓和课堂气氛，使学生自然地融入英语课堂中。教师可以借助一些经典的英语歌曲，以其纯正的发音、优美的旋律，激发学生自主学习英语的意识。

5. 加强情景

游戏是加强情景的常用办法。加入游戏的元素既可以活泼课堂，又能为学生创造轻松自然的学习环境，激发学生的学习兴趣。

二、交际教学法

（一）交际教学法概述

交际法产生于20世纪70年代初期的欧洲。英国学者为创立交际法做出了杰出的贡献。交际法的出现标志着在外语教学中人们开始从只注意语言形式和结构的教学转向注意语言功能的教学。“交际能力”这一概念是由海姆斯提出来的。海姆斯认为，一个学习语言的人不但要能识别句子是否合乎语法规则，还要有造出合乎语法规则句子的能力，另外还需懂得怎样恰当地使用语言。之后，卡纳尔和斯温将“交际能力”分为四个方面的知识和技能：语言能力、社会语言能力、语篇能力和策略能力。

1. 语言能力：为了更好地表达意义，学习者必须掌握一定的词汇和句法知识。

2. 社会语言能力：这种能力既包括目的语民族的社会文化知识、习俗、礼节等，还包括在不同的社会语言环境中恰当地理解和使用语言的能力。

3. 语篇能力：在语言交际过程中，无论是语言输入还是输出都需要交际者具备一定的感知和处理语篇的能力。

4. 策略能力：当学习者的上述能力不全面时，策略能力可以加以弥补。

从20世纪70年代中期起，在教育语言学和语言教学法领域中，所有的实践、理论和研究的重大问题都归结到交际能力这一基本概念上。而越来越多的人也开始赞同从社会的角度来观察语言，于是社会需求和

“交际能力”这一概念相结合，便形成了交际教学法。随后，此方法传入我国并在英语教学中得到了广泛的普及。

（二）特征

交际教学法在教学过程中具有下面几个特点。

1. 在交际化的教学过程中应该以学习者为中心

以学习者为中心开展的课堂活动一般被看作是一种主动的学习过程。在这一过程中学生需要扮演积极的角色来吸取新的语言内容，同时运用所学语言去表达自己的思想。要创造以学习者为中心的教学环境需要两个方面的条件：①要求学习者提供带有真实意义的语言交际情景；在交际性活动中学生有计划地表达自己的思想，并能够进行双向的交流。②学习者自己有参加这些交际活动的愿望。

2. 重视教学环境的真实性以及语言实践环节的模拟性

利特尔伍德曾指出：“交际法使我们更强烈地意识到只教会学生掌握外语的结构是不够的，学习者还必须掌握在真实的环境中将这些语言结构运用于交际功能中去的策略。”在外语教学中，如何积极地创造语言交际环境，使学习者在交际活动中掌握使用语言的能力，就体现了这一原则。

3. 重视教学方式的真实性

为了使学习者参与到各种语言实践活动中去，教学的组织形式也应做出相应的变化。

4. 重视教学过程的交际化

交际教学法还要突出学生的语言交流和互动作用。具体来说，在交际化的教学中，教学的重点要从语言的形式转向内容；从单项的语言知识传授转向双向的互动式语言实践。

（三）方法

1. 丰富教学内容

教材是教学之本，但这并不意味着教学要完全依赖教材，而应在教材的基础上进行丰富。丰富教材的方式有很多，如教师可以从报纸、书籍，杂志、电视甚至网络上筛选材料。此外，在组织教学时，教师应尽量模拟真实的语言环境，使教学内容反映真实的社会。

2. 组织交际活动

要有效地组织交际活动，使交际活动达到目的性、可靠性和趣味性的统一。教组织交际活动也是交际教学法的一个措施。通过灵活组织交际活动，可以使学生将学到的知识应用到实际中。著名语言学家哈默提出了 IPP 语法教学模式：介绍、限制性练习以及运用性交际活动。该模式指出了语言教学的始终。而教学过程本身就是一个从始端向终端扩展和强化的不间断的过程。由此可见，交际化的活动是实现英语教学过程的关键，让学生在自己的生活经验的基础上进行课堂活动，在活动中运用知识，最终丰富自己的生活经验。

三、任务教学法

（一）任务教学法概述

任务教学法，也叫任务型教学法，是英语教育界自 20 世纪 80 年代以来的发展成果。它的代表人物是美国教育家杜威。任务教学法是交际教学法的延伸，是一种强调“在做中学”的语言教学方法。该方式是一种以具体的学习任务为学习动力或动机，以完成任务的过程为学习过程，以展示任务成果的方式来体现教学效果的方式。任务教学法属于交际教学法的范畴，而早期的交际教学法所使用的一些活动就属于任务的范畴，比如说，不对等信息和信息交换等活动。这些活动把提高交际能力和语言的使用能力当成主要的教学目的。总之，任务教学法体现了较为先进的教学理念，是一种值得推广的有效的外语教学方法。

在课堂教学中，使用任务教学法需要具备六个要素：目标、输入材料、内容、情景、程序、角色。

1. 目标。任务的目标指向具有双重性，任务首先要达到预期的教学目的，然后任务本身要达到非教学目的。

2. 输入材料。输入材料是指在履行任务的过程中所使用或依据的辅助资料。这些材料的形式是多样的，可以是语言形式，也可以是非语言形式。

3. 内容。在课堂教学中，任何一个任务都要有一定内容。课前，教师需要对这些内容做准备。任务的内容在课堂上的表现就是需要履行的具体行为和活动。

4. 情景。任务情景是指任务所产生和执行的环境或背景条件，在这些条件中，包括语言交际的语境。在任务教学中，情景的创设应尽量接近真实生活，从而提高学生对语境和语言之间关系的认识。

5. 程序。任务教学中的程序是指安排任务教学中的各要素该如何进行，包括任务序列中某一任务所处的位置、先后次序、时间分配等。

6. 角色。在任务教学中，主要有教师和学生两种角色。其中，教师的角色有多种，既可以是任务的参与者，也可以是任务的指导者和监控者，但无论扮演什么角色，都是为了更好地完成教学任务。

（二）特征

在英语课堂上所应用的任务应该具有以下一些特征：首先，任务可以促进语言学习者在语言各个方面的整体提高；其次，语言学习者在承担并完成该任务的过程中使用自己已有的语言资源；最后，该任务会产生一个成果，虽然语言习得有可能伴随该任务的实施过程而发生，但是这个成果不仅仅与语言学习相关，或者说最理想的成果应该是非语言成果。任务实施的中心点是意义的沟通，也就是要让学习者尽可能多地使用语言。如果任务涉及两个或两个以上的学习者，则需要参与者运用沟通技巧和互动技能来完成任务。

如果课堂活动不具备上述特征，那么该活动也就没有任务价值，而运用该活动的课堂教学就不能被称为任务教学法。比如，句型操练、完形填空、控制写作等都不属于任务教学法的范畴。

（三）过程

斯克汉提出了任务型教学法的三个阶段教学：任务前（pre-task）的准备阶段、任务中（during-task）的实施和引导阶段和任务后（post-task）的反思（reflection）阶段。下面就分别对这三个程序阶段进行阐述。

1. 任务前（呈现任务）

在任务前阶段，教师的主要工作是呈现任务。教师要结合学生的生活或学习经验，为学生创设有主题的情景，以激发学生的好奇心和学习动机。详细地说，教师要为学生提供与话题有关的环境以及思维的方向，并将学生要学习的新知识与他们已有的知识结构建立起联系，调动他们的求知欲。在这一过程中，教师应遵循先输入、后输出的原则，就是当学生激活了完成任务所必需的语言知识、技能后导入任务，这既是为了学生学习的顺利进行，也是为展开下一环节而奠定的基础。

2. 任务中（实施任务）

接收完任务后，学生接下来需要做的就是开始实施任务，实施任务的形式有很多，如结对子或小组自由组合，或由教师设计许多小任务构成任务链。通过小组自由组合、共同协作，培养团队的合作精神。实践证明，这种方法是很受学生欢迎的。其中，结对子和小组组合的形式可以为所有的学生提供练习口语的机会，并且这种形式有利于同伴之间的交流，可以刺激学生认知的发展，还有利于培养学生互助合作的精神。需要指出的是，这一过程中，教师可以参与到学生的小组活动中去，成为小组的一员。教师应以监督者和指导者的身份了解学生掌握新知识的程度，并根据具体的情况，随时对教学策略进行调整，以保证更好地完成任务。

3. 任务后（汇报和评价任务）

任务完成后，教师可以让各小组在讨论后派出代表向全班报告任务完成情况。代表的选择方式有两种，一种是教师指定代表，另一种是由小组推选。教师指定代表可以激发该学生的学习兴趣；而由小组推选代表则可以增强被选举学生的自信心。学生汇报任务时，教师应该给予一定的指导和帮助，使学生的汇报更加准确、自然。

汇报结束后，教师还应组织全班学生评价任务，指出各组的优点和不足，并评出最佳小组，让学生在完成任务之后，品尝到成功的喜悦，同时对自己的不足也有所认识。在评价任务的过程中，教师除了对结果进行评价，还要引导学生如何正确、理智地评价自己和他人，帮助学生形成良好的评价思维方式。另外，对于任务完成得比较好的小组，教师应给予精神上的鼓励或物质上的奖励。在这一过程中，教师要正确把握评价的促进作用，充分调动学生学习的积极性，增强小组的竞争意识，以促使学生不断进步。

四、交互教学法

（一）交互教学法概述

交互教学法也称互动教学法，在教学过程中，通过教师和学生之间积极主动的双向交流，来完成教学计划，实现教学目的。互动教学法尽可能地给学生提供操练的机会，注重提高学生的学习兴趣，更重要的是让学生消除消极被动心理，参与教学，进而加强学习的主动性和能动性，提高学习的效率。针对我国大学英语教学中的种种问题，交互教学法应运而生。

交互教学法的主要目标是在课堂中的各种互动活动中逐渐培养学生习得外语的各种能力。其特点是以学生各种能力的可持续发展为教学目的、以师生和生生角色在课堂上的不断变换为形式、以丰富多彩的教学活动为载体进行的外语教学活动。

（二）应用

交互式教学法强调，在语言教学中，一方面以语言习得和教学理论为指导；另一方面，教师要根据自身的特点、学习者的个体差异和教学情景，采用灵活多变的多种教学方法。交互教学法通常涉及一些教学活动的引入，如“词汇联想”“双语对译”等。每一种方式都有自身的特点以及特定的使用范围，因此教师应对这些方式灵活运用。下面就对这两种方式分别进行论述。

1. 词汇联想

活动目的：该活动是为了使学生对已学过的单词进行归纳、总结，以便为句型或篇章的训练做好准备工作。

活动步骤：

（1）教师将关键词信息写在黑板上：food & drinks。

（2）将学生分成 4 人小组，进行单词拼写竞赛，看哪个组写得又多又正确。

（3）每个小组都按照 vegetable，fruit，meat，cereal，drink 和 others 的分类标准填写。

（4）教师指出和改正出现的一些归类或拼写错误的词。

（5）让学生用这些词汇来介绍自己的日常饮食习惯。

2. 双语对译

准备工作：教师提供一篇长度适中的双语文章，发给学生。

活动步骤：

（1）当学生读完这篇文章后，教师要统一收回。

（2）教师将学生分成两组。一组为中文小组，另一组为英文小组。

（3）中文小组的同学每人讲一句。这里教师要告知学生，第二位同学必需接着前一位同学的思路往下讲。英文小组的同学要对中文小组的文章进行总结，并翻译。

（4）两组交换。这一目的是将同学们的信息全部搜集齐，防止遗漏某些信息。

（5）教师带领同学一起梳理和校正文章。主要围绕文章的重点句型和表达法进行。

第五章　英语教学模式的理论

第一节　教学模式概述

教学模式又称教学结构，简单地说就是在一定教学思想指导下所建立的比较典型的、稳定的教学程序或阶段。它是人们在长期教学实践中不断总结、改良教学而逐步形成的，它源于教学实践，又反过来指导教学实践，是影响教学的重要因素：因此，了解教学模式的发展及其规律，对于提高教学质量具有重要意义。教学模式是一种教学活动的范式。教育工作者对教学实践进行分析研究，以一定的教学理论为基础，再根据经验和各种教学实践的成效，提出一种或多种教学模式。所以，教学模式能以具体、可操作的形式体现教学的理论或理念。例如，交际教学模式体现了英语或第二语言教学应该培养交际能力这一理论，因此，教学中就有了结构教学模式或功能意念教学模式。前者多安排句型操练，后者则注重角色的扮演、问题的解决等。教学模式一方面有利于我们学习理解和掌握先进的教学理论，使科学的理论能迅速而成功地得到应用，另一方面，也有利于用成熟的经验来不断丰富教学理念，从而提高教学效率，促进学生语言能力的发展。

美国教学研究者乔伊斯和韦尔于1972年出版《教学模式》一书，专门系统地研究了流行的各种教学模式。在我国近些年也有人专门撰文介绍和研究教学模式，教学模式成为当前教学研究的一个重要课题。但是，对于教学模式的定义，国内外研究者们看法并不一致。在国外较有影响的教学模式定义就是乔伊斯和韦尔的定义。他们认为，教学模式是构成课程和课业、选择教材、提示教师活动的一种范型或计划。他们把教学模式定义为一种教学范型或计划。实际上，教学模式并不是一种计划，计划只是它的外在表现，教学模式蕴含着某种教学思想或理论，用“范型”或“计划”来定义教学模式显然将教学模式简单化了。

当前国内有关教学模式界说，大致有5种。第一种认为教学模式属于方法范畴。其中，有人认为教学模式就是教学方法，有人则把教学模式视为多种教学方法的综合。第二种认为教学模式和教学方法既有联系又有区别、各种教学方法在具体时间、地点和条件下表现为不同的空间结构和时间序列，从而形成不同的教学模式。第三种认为教学模式与“教学结构——功能”这对范畴紧密相关。第四种认为教学模式就是在一定教学思想指导下所建立起来的完成所提出教学任务的比较稳固的教学程序及其实施方法的策略体系。第五种认为教学模式是在教学实践中形成的一种设计和组织教学的理论，这种理论以简单的形式表达出来。

概括起来大致有两类见解：持过程说的学者将教学模式纳入教学过程的范畴，认为教学模式就是教学过程的模式，是一种有关教学程序的“策略体系”或“教学样式”。持结构说的学者认为教学模式属于教学结构的范畴，“把模式一词引用到教学理论中来，旨在说明一定教学思想或教学理论指导下建立起来的各种类型教学活动的基本结构或框架”。

确定教学模式的概念，既要考虑逻辑学对下定义的要求，又要注意吸收诸如系统论等新科学研究成果，研究古今中外教育史上教学模式的发展规律，汲取现代教学模式理论的精华，并对教学经验进行分析、综合后，才能给教学模式下一个比较贴切的定义。我们认为对教学模式的概念做如下理解较为妥当：“教学模式是在一定教学思想或教学理论指导下建立起来的，较为稳定的教学活动结构框架和活动程序”。“结构框架”意在凸显教学模式从宏观上把握教学活动整体及各要素之间内部关系的功能，“活动程序”意在突出教学模式的有序性和可行性。

四、教学模式的功能

美国社会科学家多伊奇曾研究过一般意义的模式的功能，指出模式一般具有四种功能：组合、启发、推断和测量。组合功能指模式能把有关资料（经验的与科学的）按关系有规律地联系起来，显示出一种必然性。启发功能指模式可以启发人们探索新的未知的事实与方法。推断功能指模式可以使人们依据它所揭示的必然规律，推断预期的结果。测量功能指模式能通过揭示各种关系，以表明某种排列次序或比率。

多伊奇对一般模式功能的研究对我们认识教学模式的功能都有启发。我们认为，教学模式的功能分两个方面。一是理论方面的功能。教学模式能以简化的形式表达一种教学思想或理论，便于为人们掌握和运用。二是实践方面的功能。教学模式的实践功能包括指导、预见、系统化、改进四种。指导功能指教学模式能够给教学实践者提供达到教学目标的条件和程序。预见功能指教学模式能够帮助预见预期的教学结果，因为它揭示出一种“如果……就必然……”这样的联系。系统化功能指教学模式能使教学成为一个有机构的系统，因为教学模式是一个整体结构，对教学的各种因素都发生作用。改进功能指教学模式能改进教学过程、方法和结果，在整体上突破原有的教学框框。

由于教学模式总是某种教学理论在特定条件下的一种表现形式，因此它比教学理论的层次要低，但又比教学经验的层次要高。“模式”这个词本身就是指一种根据观察所得加以概括化的框架和结构，所以它比概念化的理论要具体；模式总是围绕某一主题所涉及的各种因素和相互关系所提供的一种完整的结构。因此它一般还包括了可供实施的程序和策略。但它又比经验层次高，这是因为它具有一种假设性和完整性，教学模式不只是简单地反映已有的教学经验，而且还要做出合理的推测来揭示原型中的教学经验，而且还要做出合理的推测来揭示原型中的未知成分，它是反映和推测的统一。各种个别的教学经验，经过逐步的概括、系统的整理可以使它通过教学模式的形成而进一步提高到理论；各种理论通过相应的教学模式可以使它成为易于为实际工作者所接受的方案。

正是教学模式的这一特征，使它能较好地充当理论与实际经验之间联系的中介和桥梁。从某种意义上可以说，教学模式既是教学改革的产物，同时又直接促进了教学改革的发展，如果通过一段时期的努力，我们能逐步建立起具有各种类型的课堂教学模式系统，也能建立起像试题库一样的课堂教学模式库，这将使我们各级各类学校的教学能逐步走向科学化。它还可以为刚参加教学工作的青年教师提供一些可供选择和参考的教学方案，使他们教有所据，从而很快地熟悉教学，使教学质量得到必要的保障。对具有多年教学经验的老教师来说，教学模式库的建立，也可以使他们不再囿于过去习惯采用的教学模式，为教学更加多样化提供了方便。同时各种课堂教学模式由于仅仅提供了一个大致的框架，它有待于在教学实践中进一步具体化，这就为创造性的教学提供了各种可能。而教学实践上的各种改革又将进一步促进教学模式走向完善，推动教学理论的进一步发展，从而形成实践—理论—实践的良性循环。

第二节　教学模式的理论基础

英语作为一门国际通用语言，发挥着日益重要的作用。当前社会对大学生的英语水平提出了更高的要求，由此对大学英语教学效益和质量的提高也势在必行。研究表明，目前大学英语教学存在以下问题：“过分强调语言基础知识的学习，忽略了语言能力的培养”“学生数量在高校扩招的背景下骤增使得英语教师质量和数量不能满足需要”“教学模式和方法落后，未能充分利用先进的、现代化的教学手段”“缺乏统一的、科学的英语教学管理体系”“教学考核测试手段单一”等，为了探索中国英语教学的规律，体现“做中学”的教育指导思想，解决“中国英语教学普遍存在的‘费时较多，收效较低’的问题”，教育部于2002年启动了新一轮大学英语教学改革，措施之一是重新修订《大学英语教学大纲》，并分别于2003年和2007年颁布了《大学英语课程教学要求》（试行）和《大学英语课程教学要求》（以下简称《要求》）。

根据《要求》，本轮大学英语教学改革重点在于提高大学生的英语应用能力、自主学习能力和跨文化交际能力。《要求》在课程设置部分明确提出，“大学英语课程的设计应充分考虑听说能力的要求”“设计大学英语课程时也应充分考虑对学生文化素质培养和国际文化知识的传授”“无论是主要基于计算机的课程，还是主要基于课堂教学的课程，其设置都要充分体现个性化”，要“确保不同层次的学生在英语应用能力方面得到充分训练和提高”，同时在教学模式部分也提出“英语教学的实用性、知识性和趣味性相结合的原则”，要使英语教学“朝着个性化学习、自主式学习方向发展”。

一、建构主义教学模式理论

建构主义教学模式是在建构主义学习理论指导下建立起来的，是建构主义理论应用于课堂教学的教学模式。它提倡的学习方法是教师指导下的、以学生为中心的学习，其学习环境包括情境、协作、会话和意义建构等四大要素，因此，建构主义教学模式主张在教师指导下，以学习者为中心的学习。学生是信息加工的主体，是知识意义的构建者，而不是外部刺激的被动接受者和被灌输的对象。教师则是意义构建的帮助者和促进者。概言之，建构主义教学模式是指在教学过程中在教师指导下，以学生为中心，以探究为主要学习方式，利用情境、协作、会话等学习环境要素，充分发挥学生的主动性、积极性和首创精神，使学生有效地实现当前所学知识意义构建的教学程序及其方法策略体系。

建构主义思想自皮亚杰提出以来，在其对学生的学习进行考虑和反思的发展过程中形成了多种流派。虽然各流派在对知识、学习、教师和学生等问题的看法有许多共同点，因而其对教学目标的要求基本一致，但由于各流派侧重点不同，教学中所采取的教学方式和步骤也不一样。目前，研究比较成熟的有抛锚式建构主义教学模式、支架式建构主义教学模式、随机进入建构主义教学模式等。

二、研究性教学模式理论

研究性教学是建构主义学习理论下形成的与之相适应的一种教学模式和方法。建构主义理论包括认知建构主义和社会建构主义。认知建构主义的开创者皮亚杰和社会建构主义奠基人维果斯基都一样重视学习的认知过程，把学习看成是学习者主动“建构”知识的过程，而不是通过他人“给予”而被动接受和使用的过程。“认知结构产生的源泉是主、客体相互作用的活动，在相互作用的活动中蕴含着双向结构。”以建构主义为理论支撑的研究性教学是指“学生在教师指导下，以类似科学研究的方式去主动获取知识、综合运用知识解决问题的一种学习方式。研究性学习与一般意义的科学研究具有一定的相似性，如在研究过程中两者都要遵循提出问题、收集资料、形成解释、总结成果这样一个基本的研究程序。在这里知识都以问题的形式呈现，知识的结论要经过学习者主动的思考、求索和探究。”可见，研究性教学理念的本质是学生主动参与的探索性学习，思维是学习的动力，学生是学习的主人，因此“外语是学会的”，“学”在这里是研习的意思。在大学英语教学中倡导研究性教学理念，应该说是为内容教学提供了一条新路。众所周知，外语是一门工具性质的学科，而大学英语的工具性就更显突出。由于没有实质的教学内容，没有像高考这样重要的教学目标，大学英语的听说读写技能训练因而就变得枯燥又机械。只有研究性教学，才使大学英语教学第一次有了真正的教学内容，并且在完成项目的研究过程中，学生的外语能力在实践中得到了锻炼，学生的思辨能力、创新能力得以发展，学生的学习能动性从根本上得到了改观。

但是研究性教学不是完全淡化外语技能的培养，事实上，将所学的语言知识应用于信息获取、问题分析、精确讲说、书面写作等过程更能培养学生把外语作为一门工具的语言能力。另外，研究性教学在大学英语中的应用又有别于英语专业的研究性教学。英语专业的研究性教学是对英语语言学、文学和英语文化等的专业知识的学习和研究，而大学英语的研究性教学是让学生在一定范围内自主选题，题目可以是人文社会的，也可以是自然科学的，这样既锻炼了语言能力，又培养了思维能力，扩展了学生的知识面，一举多得。

三、人本主义学习理论

人本主义学习理论对学习本质的揭示是从人的自我实现和个人意义的角度加以描述，认为学习是个人自主发起的，使个人整体投入其中并产生全面变化的活动，是个人的充分发展，是人格的发展，自我的发展。根据人本主义学习理论，美国心理学家马斯洛、罗杰斯等创立的人本主义理论提出 10 条学习原则：

（1）人生来就对世界充满好奇心，人类生来就有学习的潜能。

（2）当学生觉察到学习内容与自己的目的有关时，有意义的学习就发生了。

（3）当学生的信念、价值观和基本态度遭到怀疑时，他往往会有抵触情绪。

（4）当学生处于相互理解和支持的环境里，在没有等级评分却鼓励自我评价的情况下，就可以消除由于嘲笑和失败带来的不安。

（5）当学生处于没有挫败感却具有安全感的环境里，就能以相对自由和轻松的方式去感知书本上的文字和符号，区分和体会相似语句的微妙差异，学习就会取得进步。

（6）大多数有意义的学习是边干边学、在干中学会的。

（7）当学生负责任地参与学习时，就会促进学习。

（8）学习者自我发起并全身心投入的学习，最深入，也最能持久。

（9）当以自我批判和自我评价为主、他人评价为辅时，就会促进学习的独立性、创造性和自主性。

（10）现代社会最有用的学习是洞察学习过程、对实践始终持开放态度，并内化于自己的知识积累。

简而言之，人本主义理论主张废除以教师为中心的模式，代之以学生为中心的模式，而以学生为中心的关键，是在于使学习者感到学习具有个人意义。人本主义学习理论强调学习是一个情感与认知相结合的精神活动。在学习过程中，情感和认知是彼此融合、不可分割的两个部分。整个学习过程是教师和学习者两个完整的精神世界的互相沟通、理解的过程，而不是以教师向学习者提供知识材料的刺激，并控制这种刺激呈现的次序，期望学习者掌握知识并形成一定的自学能力和迁移效果的过程。由此可以理解，教学也不再是以教师为中心，以知识输入讲解为主要方式的活动了。要使整个学习活动富有生机、卓有成效，需要以学习者为中心，深入其内在情感世界，以师生间的全方位的互动来达到教学目标。

四、后现代主义教学观

后现代主义教学观是在对教育“现代性”进行深刻反思的基础上形成的，具有开放性、超前性和创新性等特点。总体而言，它是对现代主义所崇尚的总体一致性、规律性、线性和共性及追求中心性的排斥，主张以综合、多元的方式去建构，具有非中心性、矛盾性、开放性、宽容性、无限性等特征。后现代主义教学观对大学英语教学改革的启示表现在以下几个方面。

第一，在打破“完人”教育目的观的同时，后现代主义者提出了自己的教学目的观。他们主张学校的教学目的要注重学生各方面的发展，不强求每个受教育者都得到全面发展，要培养符合学生自己特点及生活特殊性的人，造就具有批判性的公民。

第二，后现代主义认为现代主义的课程观是不科学的、封闭的。多尔从建构主义和经验主义出发，吸收了自然科学中的理论，把后现代主义课程标准概括为 4 种原则，即丰富性、循环性、关联性及严密性。

第三，后现代主义认为教学过程是一个自组织过程。自组织是一个通过系统内外部诸要素相互作用，在看似混沌无序的状态下自发形成有序的结构的动态过程。

第四，后现代主义的师生观认为，在传统的教学中，教师处于知识传授的中心地位，而学生处于被动和弱势的地位。教师是话语的占有者，学生的自主性和潜能受到了压制，故后现代主义认为，必须在课堂教学中建立师生平等对话的平台。在科学技术日新月异的发展下，知识的传播已经发生了很大的变化，教师的主要任务是教会学生使用终端技术和新的语言规则。师生关系中，教师从外在于学生的情景转向与情景共存，教师的权威也转入情景之中，他是内在情景的领导者，而非外在的专制者。

第五，后现代主义的教学评价要求实施普遍的关怀，着眼于学生无限丰富性发展的生态式激励评价，让学生充满自信，每个个体都各得其所，始终获得可持续发展的动力。它强调教学评价应该体现差异的平等观，即使用不同标准、要求，评价不同的对象，主张接受和接收一切差异，承认和保护学习者的丰富性、多样性。

五、学术英语教学理念

学术英语也是近来在大学英语教学改革中提到的一个新的课程设计理念，它是针对在大学英语教学中盛行了几十年的基础英语提出的，基础英语的教学重点是语言的技能训练，而学术英语分为两大类：一般学术英语和专门用途英语。前者主要培养学生书面和口头的学术交流能力，后者主要涉及工程英语、金融英语、软件英语、法律英语等课程。以学术英语为新定位的大学英语教学，既区别于以往的以语言技能训练为主的基础英语，也区别于大学高年级全英语的专业知识学习或者“双语教学”，当然也区别于英语专业学生所学的人文学科方面的专业英语。它是基础英语的提高阶段，即在学生掌握了一定的规则和词汇，达到了一定的水平后，为他们用英语进行专业学习做好语言、内容和学习技能上的准备，是在大学基础教育阶段为今后全英语专业知识学习打下基础的一种教学模式。

第三节　大学英语课程管理的内涵及意义

长期以来，在英语的教学观念和教学实践中，人们比较热衷于探索各种各样的人才培养方案、教学方法、教学模式等，却很少思考甚至忽略有效管理与大学英语课程建设的关系，更不用说采用科学的管理理论和实践来指导和推动大学英语课程建设。如何探索有效的大学英语课程管理，推动英语教学改革和发展，不断提升大学英语教学水平和教学质量，成为当前大学英语教学探讨的热点。

一、课程管理的内涵

目前，我国对大学课程管理这一术语有着不同的定义。下面列举了以下五种：

（1）课程管理是系统地处理编制技法和人、物条件的相互关系，以教育目标为准绳加以组织的一连串活动的总称，其管理的核心是课程编制。

（2）课程管理是对课程编订、实施、评价的组织、领导、监督和检查。

（3）课程管理是在一定的条件下，有领导、有组织地协调人、物与课程的关系，指挥课程建设与课程实施，使之达到预定目标的过程。

（4）课程管理是学校对教学工作实施管理，是学校管理者遵循教学规律，行使管理职能，对教学活动各因素进行合理组合，使教学活动有序高效地进行，从而完成教学计划和教学大纲规定的教育、教学任务。

（5）课程管理是部署和组织一定学校的课程设计，指导和检查一定学校课程的设施，领导和组织学校的课程评价。

这五种定义对课程的外延有着不同的理解：一种是把课程看成教学的下位概念，认为教学管理包含了课程管理；另一种认为课程与教学存在一定联系，课程是教学的上位概念，其含义大于教学；在此基础上，它从微观、中观和宏观三个不同层次分析和讨论了课程管理，并将其定义为：大学课程管理就是在一定社会条件下，课程管理者依据一定的管理原则、运用一定的管理方法，对一定课程系统的人、财、物、课程信息等因素进行决策、计划、组织、指挥、协调、控制，以有效地实现课程预期目标的活动。该定义适用于所有课程，对高校的课程管理具有较强的指导性意见。在该定义的基础上，可将“大学英语课程管理”定义为：大学英语课程管理就是在一定社会条件下，学校各级课程管理者依据一定的管理原则和运用一定的管理方法，对大学英语课程系统的人、财、物、课程信息等因素进行决策、计划、组织、指挥、协调、控制，以培养学生英语综合应用能力（特别是听说能力）和自主学习能力，提高他们的综合文化素养，以更好地适应我国经济发展和国际交流的需要。

从上述定义可以看出大学英语课程管理活动涉及四个基本要素，即管理主体、管理客体、管理手段和方法、管理目标。这四个要素彼此相互影响，相互制约。大学英语课程管理的主体由学校主管教学的副校长、教务处、外语学院、大学外语教学部、教研室和教师等六个层次组成，完成从学校大学英语人才培养方案的制订，到具体实施这些具体工作。大学英语课程管理的客体范围较广，既包括教师和学生这样的“人”，也包括图书馆、实验室、自主学习中心这样的“物”。还包括教学经费的预算和实际支出、相关信息资源等。大学英语课程管理的手段和方法是连接管理主体和客体的纽带，是管理主体对管理客体实施决策、计划、组织、协调、控制等管理职能。管理手段和方法是一个可变项，对成功的课程管理和高质量的人才培养有较大的影响。大学英语课程管理目标是大学英语课程系列活动要实现的目标，是大学英语人才培养的目标，是学校办学的核心指导思想。

二、大学课程管理的意义

长期以来，在大学英语课程管理方面存在“自然论”和“部门论”两种观点。“自然论”者认为，大学英语教学质量的高低优劣主要取决于教师的教学质量和学生的努力程度，如果教师的素质差，学生又不努力，无论怎样管理，效果也不明显，“自然论”的本质是否定大学英语课程管理的功能和作用。“部门论”者认为大学英语课程管理是学校教学管理部门和专职管理人员的事，与其他职能部门和人员无关。不容忽视的是，学校领导者如果能够在学校里营造一种积极的氛围，让广大教师和管理人员都主动参与到课程编制中，充分调动教师、管理者和学生三方面的积极性，以相互协作的方式来组织和实施教学，学校的教学质量和管理效益等将会大大提高。

（一）有利于强化责任意识

参与大学英语的管理人员上至学校主管教学的副校长，下至实施具体教学计划的普通教师，如果管理工作到位，分工细致，责任明确，每个环节的工作进展情况都会一目了然，哪儿出了问题，或者完成得没有计划的那样好，不用细究，都会知道是谁的责任。例如，教材征订、期末考核试卷命制、学生成绩的评判、补考时间和地点的安排、监考人员的安排、调停课的管理、课堂组织等工作分工明确，如果出了差错，自然有人承担责任。因此，如果加强了课程建设和管理工作，明确了责任和义务，教学管理过程中的每个人不仅会尽心尽力履行自己的职责，还会精诚协作，一块做好管理工作。

（二）有利于提高模块化工作的效率

大学英语课程管理工作的周期较长，可分为显性管理时段（一、二年级大学英语为必修课）和隐性管理时段（三、四年级学生选修大学英语公选课程，参与第二课堂活动）。为了提高管理效益，可将工作划分成若干模块，即贯穿整个管理工作的大小事务可以分成若干模块（如教学计划的制订、教学计划的实施、第二课堂活动的设计、网站的建设、师资队伍建设、学生反馈意见的收集、与其他学院教务人员的联系等）。进行模块化管理是大学英语课程管理工作的一大特点，由于很多模块化工作具有阶段性特征，每个模块就犹如链条中的一段，只要它们运转正常，整个链条就不会分崩离析，就实现了大学英语课程管理的整体化管理效益。所以，加强课程管理能保证模块化工作的顺利开展，进而能深化大学英语教学改革，提高学生英语技能。

（三）有利于开发课程资源

模块化的大学英语课程管理通过不断改进和完善管理过程。把课程建设向纵深推进。各模块的负责人竭尽全力集思广益，加强自己分管模块的建设工作，以更好地服务于学生。例如，在管理过程中，课程开发模块通过问卷和访谈等形式征集学生意见，不断推出大学英语公共选修课程，以满足个性化选课需求，真正确保把成才选择权交还给学生；第二课堂模块会以趣味性、参与性等为活动宗旨，不断丰富活动内容和形式，确保第一课堂和第二课堂之间的联动；大学英语网站建设模块会紧跟时代步伐，基于学生学习需求不断地更新网站内容，以促进学生的自主学习；其他模块也不断采取措施，深挖自己模块的资源，更好地服务于学生。

（四）有利于优化第一课堂内容

随着大学英语教学改革的不断推进，各校正逐渐摒弃过去那种计划性课程安排，即老师的教学班由大学英语部统一安排，学生没有选择教师的权利。这种课程安排模式忽视了学生对课堂教学质量的反馈，不利于激发教师的教学积极性，最终影响全校的大学英语教学质量。实施把成才选择权交还给学生这一教改措施后，学生具有挑选教师的权利，那些拘于传统教学方法、课堂缺乏互动、信息素养跟不上时代发展要求的教师，就很少有甚至不会再有学生选修他们的课程。这一改革迫使教师不断更新教学内容，丰富课堂活动，注重教学质量。对于学生还没有选课权的学校来说。强化大学英语课程管理同样能优化课程内容。因为诸多的教学管理过程能显示出某位老师的教学质量。例如，中期检查时，通过领导和同行的听课可以了解到老师的教学积极性和投入度、教学模式、学生的课堂参与情况等，通过学生座谈可以获取学生对该教师教学的整体接受度，通过学生平时成绩记分册可以洞察老师是否始终如一地坚持认真教学。期末考试后，通过纵向（与这个班上学期的成绩比照）和横向比较（与本学期其他教学班比照），可以了解学生的英语水平发展状况。因此，一旦把课程作为一个评价单元，教师所要承担的责任就比较明晰，教学效果不理想，教师就难辞其责。

（五）有利于学生了解大学英语课程建设轨迹

加强大学英语课程管理的终极目标是提高教学质量，最大受益者是学生。因此，在开展各项活动之前，要去思考学生能否从这项活动中受益，受益有多大。同时，也应看到大学英语课程管理是多层次、多维度的。虽然开展的有些活动和采取的管理措施是以学生为间接受益者，但是他们从中可以关注到本校大学英语课程管理和建设的轨迹。例如，为了展示自己的课程建设成绩，各校会积极申报各级精品课程和视频公开课、各级教学成果奖、各级优秀教学团队、各级优秀教材建设、各级优秀教学课件等，这些活动的申报书会涉及课程管理和建设所采取的措施、取得的成绩、优势或强项、下一步的建设目标等。学生掌握这些信息后，不但了解了本校大学英语课程管理和建设的过去，还清楚了学校下一步的教改方向，最重要的是，能以此为蓝本，对自己的大学英语学习进行规划和定位。

三、大学英语课程管理的内容

大学英语课程管理包括课程生成系统管理、课程实施系统管理和课程评价系统管理三大板块。课程生成系统探究如何将教育思想、教育观念和教育理论融进课程总体方案，在此基础上确定课程教学目标、课程内容等；课程实施系统研究教师如何有效地传授知识，让学生把一门课程的内容内化成自己的知识和技能；课程评价系统旨在保障课程质量。大学英语作为独立的课程而自成体系，由于各学校的校情不同，管理的内容和管理模式自然就有所差异。在过去二十多年的大学英语课程管理中，我们加强了以下几方面的建设力度。

（一）制订教学文件

教学文件是课程建设的指导性文件，它包括各门课程（含大学英语在内）的教学大纲、课程描述、教学安排、教学进度表、考试大纲等。这些文件中，最重要的是教学大纲和课程大纲。教学大纲是学校教学的总领性文件，指导本校人才培养方向。每门课程的教学大纲可从以下方面对该课程进行描述：教学对象、教学目的、教学要求、选修课程、教学安排、教学环境、评价形式、教材和参考书、教学中应注意的问题。课程大纲是严格按照教学规律制定的一门课程的指导性文件，它是教材编写或选用、组织实施教学、课程评价、教学过程检查的主要依据。大学英语课程大纲的制订应该是国家语言政策和语言教育政策以及社会和个人对英语教学需求分析结果的产物，涉及相关学科领域，尤其是外语教学理论研究、心理学和教育学等领域的最新研究成果。有条件的学校，应该对大学英语教学大纲格式进行统一要求，然后汇编成册，作为课程资源和选课参考资源供学生随时查阅。

（二）完善课程体系

课程设置和教学大纲是课程管理的集中体现，也是课程原理的主要依据。《大学英语课程教学要求》明确指出：各个学校应当根据本校的实际情况，按照《大学英语课程教学要求》确定本校的大学英语教学目标，并以此为基础设计本校的大学英语课程体系。该课程体系除了包括传统的面授课程以外，更应注重开发基于计算机、网络的大学英语课程，将综合英语类、语言技能类、语言应用类、语言文化类和专业英语类等必修课程和选修课程有机结合，形成一个完整的大学英语课程体系，以确保不同层次的学生在英语应用能力方面得到充分的训练和提高，第一课堂是人才教育的主战场，要培养适应我国经济发展和国际交流的高素质人才，就必须对本校资源和学生需求进行充分的调研，从是否有足够的理论依据、是否适合学生目标、是否具有成功实施的可能性、是否具有效果的可评性四个方面对拟设课程加以论证，在此基础上构建完善的大学英语课程体系。该体系可包括大学英语周末强化课程、大学英语预修课程、大学英语必修课程、大学英语通识课程、大学英语选修课程、英语辅修专业课程、双语课程和专业英语课程。

（三）建立课程管理机制

课程管理是围绕教师的教、学生的学和资源利用开展的管理。建立健全的课程管理制度是为强化课程管理，稳定教学秩序，加强教学质量控制而制订的系列规章、制度、条例、规则、细则、守则等。它具有一定的法制效应和约束力，是全体师生和教学管理人员必须共同遵守的行为准则。完整的大学英语课程管理机制包括学校、教务处、校学生会、校团委、外语学院等相关部门制订的相关规章、制度、条例、规则、细则、守则。就外语学院来说，这方面的制度常见的有“教师教研活动制度”“教师集体备课制度”“教师集体阅卷制度”“教师听课、评课制度”“教师调、停课管理规定”“多媒体教室使用规定”“大学英语自主学习中心使用细则”“外语学院资料室借阅细则”等。这些规章制度有利于推动规范化管理，约束大学英语教师和相关管理人员的行为，提高办学效率和资源利用率，为提高大学英语教学的整体水平打下了坚实的基础。

（四）整合课程资源

课程资源是制约学校课程发展的一个重要因素。学校课程的丰富多彩和独特课程个性的形成，都需要大量的课程资源予以支撑。英语课程资源是指包括英语教材在内的一切有利于培养和发展学生综合语言运用能力、提高教师素质的物质条件和其他非物质条件。非物质的课程资源，主要包括英语教师、学生、学生家长和其他一切社会人士。校内物质条件方面的课程资源主要表现为各种各样课程教学材料的实物或形式。

（五）加强师资队伍建设

严格说来，教师也是课程资源。由于教师是教学活动的主持人、课程的设计者和提供者、教育市场上商品的厂商，在课程管理和建设中有着不可替代的作用，是左右教学质量的关键因素之一，因此要单独讨论。各校应该充分分析和利用本校的大学英语教师资源，根据具体的业务水平、专长和特点，一方面按照“职才相应”和“按需设岗”两大原则合理安排工作，做到“知人善任，扬长避短”；另一方面，要多渠道、多模式地开展教师培养，如学历提升、国内外短期访学、到名校进修并移植某门课程、学术沙龙、教授帮带、和外教联合授课、说课竞赛、同行和领导听课，以绩效观测、全面衡量、动态发展为考核原则，制订考核指标和考核时间，引导教师在规定时间内全面提升自己的教学和研究能力，以适应新时期大学英语教学。

第四节　大学英语教学的现代型教学模式

事实证明，传统型教学模式下的大学英语教学远不能满足高等教育培养目标的需求。为此，必须建立一种具有中国特色的，能够培养出高级技术复合型人才的现代教学体系。

近年来，大学英语教学改革已取得了明显成效：标准建设取得了重大进步。教育部于2007年制订印发了《大学英语课程教学要求》，作为各高校组织开展非英语专业本科生英语教学的主要依据。教学方法取得了重大进步：充分利用现代信息技术特别是网络技术，构建基于课堂和计算机的大学英语教学新模式。但是必须看到，大学英语教学改革还存在很多不容忽视的问题：教学模式相对单一；大学生英语综合应用能力不强；大学生英语学习的积极性、主动性、创造性不强；教师业务水平和教学能力有待提高等。如何解决这些问题是大学英语改革的新目标。

一、课程建设的必要性

以学术英语和研究性学习为新定位的大学英语教学改革已经引起了国内外专家的重视。英国语言学家大卫预言，“英语仅仅作为一门外语来学习的时代即将结束。学习者需求的变化和市场经济的变化导致英语教学正在同传统的英语教学方法决裂。”大学英语教学正悄悄地从单纯基础语言培养向实用能力（包括与专业有关的英语能力）培养转移。

因此，课程建设的必要性表现在以下几个方面。

首先，可以给大学英语改革带来新的动力。当前大学英语课程教学主要问题在于，大学英语教学仍然以普通基础英语为主要教学内容，不具备实用性和社会交往性，无法适应经济发展的需要，课堂教学内容与就业需要关联不大，无法形成学生主动学习的内驱力；教学方法落后、教学模式陈旧，很少甚至没有吸收学生的自主性、主体性、实践性；教师和学生都无法从宏观上充分看到英语学习的即时价值和意义，把语言学习和社会、经济发展剥离开来。因此，以培养学生学术书面和口头汇报能力为目标的大学英语“研究型”课程可以给大学英语改革带来新动力。

其次，可以满足新一代大学生对大学英语课程的需求。大学英语课堂上学生沉默，学习懈怠，以及出现课上不学、课后上培训班的现象，主要是因为现有大学英语的课程设置和授课方式没能很好地迎合新时代学生的需求。新生代在网络和多媒体环境下长大，他们用于日常交际的英语能力较过去的大学生有很大不同。但是他们的应用能力较弱，双语和全英语专业课上听课、要点记录、观点陈述等方面，以及原版教材和专业文献阅读，论文及摘要撰写等方面语言能力缺失。《大学英语课程教学要求》提出了实施基于计算机和网络的教学模式，强调了培养大学生英语综合应用能力。因此应针对新一代大学生同一时间能承担多重任务，通过感官学习，反馈快速等特点，调整教学定位，为社会培养能熟练使用外语的工程技术人才。

最后，可以推进教师职业化进程。提高人才培养水平，最根本的是提高教师质量；提高大学英语教学质量，最根本的也是提高教师教学水平。尽管近年来大学英语教师队伍建设取得了稳步发展，但这支队伍的业务水平和教学能力还不能完全适应大学英语教学改革的新要求，表现在观念陈旧，教师角色转变等问题上。因此在新课程体系建设的背景下，教师必然要更新观念，转变角色，提高学术水平和教学水平。

二、现代型教学模式

由传统型教学到现代型教学的转变，必须从教学观念、教学内容与方法等方面进行变革。

（一）教学观的转变

现代教学观是主张以教师为主导、以学生为主体、以就业为导向，实现培养目标和培养规格，并以现代新技术为支撑的教学观点。采用以网络技术为依托的实验手段，依靠计算机、多媒体和远程通信技术，对教学内容、教学组织形式进行彻底变革。利用网络教学、双向教学、远程教学拥有的软件资源，开发学生智力，培养自我学习与探索新知识的能力。教学、科研和应用有机结合。以现代信息技术为依托，以科研促进教学与应用。开拓新知识，增强科研意识，提高师生的实践创新能力。以研究带动应用。其重点与难点在于探索问题、研究解决问题与成果应用三个环节。前者必须具有应用意识，后者则必须具有相应的实践技能，而这种能力的培养需依靠现代型教学。

（二）课程观的转变

教学内容和课程体系的改革应遵循以下基本原则：必须反映当今社会的生产力水平及科技新成果，有利于促进生产力发展；要反映人才培养目标和规格需要；要体现近代文化、科技创新；要精选教学内容，因材施教，以利于学生能力的培养与可持续发展。

课程的设置与内容的选取要以社会需求为目标，以应用能力的培养为主线，设计相应的培养方案，构建相应的课程与教学内容，基础理论课程以应用为目的，实践教学应占有较大的比例，着重培养学生的应用能力。

（三）教学方法的转变

由传统方式向互动式转变。传统教学把重点放在“什么是什么”的事实类知识的传授上，学生只能处于被动的地位，并过分依赖于教师的讲授，缺乏对知识结构的深入探讨。互动式教学是以动态问题为主，启发学生主动思考、积极参与，教师的主导作用是知识的引导与教学的组织，并将教师的主导思想，转化为学生自主的学习行动，从而获得好的教学效果。

由封闭式向开放式转变。现代型教学以现代高科技信息技术为依托，将以学校为主的传统封闭式教学转变为开放式教学，通过校园内外的网络开通多媒体教学、空中课堂、网上教学，及时获得新的知识。信息高速公路的实现必将成为最理想的开放式教学手段。

由理论教学向实践教学转变。传统教学着重于课堂教学，并强调理论的系统性和完整性。现代型教学则着重于实践课教学，使学生拥有充分的时间进行实训以掌握技术要领，尽快地提高学生的实践能力。

现代型教学的优点在于采用因材施教的分层次个性化教学手段。由于各大专院校大量扩招，导致在校学生人数多，大课教学目前还普遍存在。在此情况下，协同学习是一种很好的弥补方式，通过课堂讨论学习的方式，使学生之间学会交流、合作、竞争，在此基础上积极创新环境，发现学生个性，分层次、分阶段地实施教学，逐步完成因材施教的个别化教学。

（四）现代型教学的实践模式

在高等教育领域，国际上比较成功的现代型教学实践模式有：德国的双元制教学模式，即企业与学校合作进行职业教育的模式。受训者既是企业的学徒，又是学校的学生，一身二属，故称“双元制”。受训者接受理论课和实训课两门课，理论课与实训课学时之比为 3 ： 7，理论课可在学校进行，实训课在企业进行，注重受训者的实践技能、技巧的培训。

另一种是北美较为流行的能力本位的教学模式，是将一般知识、技能、素质与具体职位相结合，以整合能力管理为理论基础，以模块为课程结构的基本特征，以“学”为中心，学习以自主学习的方式来进行。首先对原有的学习能力进行自我认可，确定能力的学习目标，继而进行自学活动，随即在现场进行尝试性能力操作。参照标准进行自我评定，达到全部目标者可获得国家承认的证书和学分。

我国习而学的教学模式。这种模式提倡的是边做边学，理论联系实际，学以致用，以达到学习水平和业务水平相互促进、共同提高的目的，培养出来的人才更能适应工作岗位的要求。

（五）更新教师知识

现代型教学比传统型教学更先进、更进步，其中包括以应用为主的多种形式。要奠定坚实的现代型教学的基础，教师知识的更新是关键。教师要树立继续学习、终身学习的思想。教师不能只满足于现有的知识水平，而应不断学习，更新知识结构，使自己处于学科的前沿。教师还必须承担一些具有创新性的研究课题。通过对课题的研究和探索，加深自己的专业知识，力争成为本学科的学术骨干。教师也应当深入生产实践，走产、学、研相结合的道路，在生产实践中获得足够的经验，力争成为“双师型”教师。

三、现代型教学的特点

现代型教学具有时代的开放性，以现代信息技术为依托，将教学、科研和应用有机结合，以教研促科研，以科研带教研和应用，与传统型教学相比具有如下特点。

（一）教学观念的创新性和前瞻性

在教学思想方面现代型教学比较注重知识的专题性、前沿性、开拓性以及对现状的把握和前瞻，以现代信息技术为依托，重点放在实践教学上，以社会需求和培养应用型人才为目标，以创新为目的。

（二）教学内容的互补性和实用性

现代型教学在高校中是将系统教学与专题研究、理论教学与实验教学、研究与应用紧密结合，教学内容的选取是以社会需求为目标、以技术应用能力的培养为主线，突出实用性，重在培养学生独立发现问题、解决问题的思维和实际操作能力。

（三）教学方法的直观性和科学性

现代型教学不仅利用传统的挂图、模型、幻灯、投影仪等教具，还充分利用现代科学技术手段，充分利用网络、多媒体，综合了计算机、图形、图像处理、电子技术、影视艺术、音乐美术、教育学、心理学、教学法等诸多学科与技术，集文字、图形、图像、声音、视频、影像、动画等各种信息于一体，使抽象、深奥的信息知识简单化、直观化，缩短了客观事物与学生之间的距离，并能充分调动视觉、听觉能力，集中学生的注意力，提高掌握知识的能力。

（四）教学模式的职业定向性

无论是德国的双元制还是我国的习而学的教学模式，或是能力本位的教学模式，现代型的教学都以社会需求为目标，以某一岗位群为目标来组织教学，培养学生的职业能力，因此，具有明确的职业定向性。

（五）教学能力的知识性

现代型教学将基础教学与应用教学、传授知识和研究新课题结合起来，并立足于学科的前沿，培养出适应时代的创新人才。

现代型教学要求教师不断更新知识，力求在教学中做到“新、博、独、深、精”，“新”，即用新观念、新思想、新方法，讲授新内容。使学生有耳目一新之感；“博”，即知识渊博，讲授内容广博，信息量大，使学生广学博收；“独”，即用独特的方法，讲授独到的见解，培养学生独立思考、独立研究的能力；“深”，即深入讲授、深入探索、深入研究，有意识地培养学生探索和研究问题的意识以及信息调研的能力；“精”，即精心准备、精心实施、精讲多练，使学生易学、易记、易用。总之，培养新世纪的高等职业专门人才，需要有全新的思想观念，优化的课程体系和高水平的师资队伍，课堂教学要以社会需求为目标。我们每一位从事高校教育的教师，都必须以提高学生的实际应用能力为目标，认清从传统型教学向现代型教学发展的必然性，从教学观念、教学内容、教学方法、教学模式和教师知识结构等方面深入探究现代型教学及其特点。

第六章 大学英语教学模式的实践

英语教学的主要目的是使学习者能够熟练使用语言，从而达到交际的目的，为社会输送更多的英语人才。在社会环境与国际环境变化的形势下，对大学英语教学模式进行改革成为提高英语人才素质的重要方式。本章对任务型教学模式、情感教学模式、分级教学模式、模块教学模式、研究性学习教学模式、ESP 框架下大学英语教学模式进行分析，探讨英语教学模式的实践研究。

第一节 任务型教学模式

任务型教学不仅是新课程标准极力倡导的一种新颖的教学模式，而且也是为适应教学改革而提倡的一种教学理念。该教学理念有效克服了传统英语教学中语法教学同实际运用背离、语言形式同语言运用割裂的不足。为了对任务型教学模式有更加系统、清晰的认识，下面就结合任务型语言教学模式的产生背景、基本模式以及优势与局限等进行具体分析。

一、任务型教学模式的产生背景

任务型教学模式的产生在很大程度上依赖近些年来在语言习得方面对英语教学影响比较大并具有代表性观点的交际法。提及交际法，通常还会涉及“交际能力”这一概念，该概念最早是由著名的社会语言学家海姆斯提出来的，交际能力包括语言能力、语言运用这两大方面的内容。继此之后，交际法的教学目的就体现为交际能力。

交际法从 19 世纪 70 年代起就非常盛行。根据交际法的观点，人们通常所说的语言包括语法、词汇和语言功能这几大方面的内容，如表达建议、请求原谅等。交际法要求学生在说和写的过程中，务必要意识到正确使用语言的必要性，并且还应注意符合说话人、对话人的身份以及场合等。交际法还认为应创造一种与现实生活相贴近的课堂环境。如果学生能够充分地接触他们所要学习的语言，就有机会使用它。学生在真实、与生活相贴近的环境中学习语言，其学习热情也能被充分激发出来。如此一来，在具体的实际运用中，学生也能够自如、广泛地使用该语言交际法具有很大的优势，其优势主要表现在能让学生兼顾语法规则（即语法的学习）和用语言进行交际这两大方面。除此之外，交际法并不苛求过分纠正语言错误，该教学法还认为对外语的掌握是从不完善的中介语逐步地过渡到不出错地完善语言这一过程的。诸如此类的新思想、新观点都得到了很多教育家的支持和赞赏。但是，也有一部分教学法理论家质疑这种教学模式，他们主要针对以下两点内容提出了质疑：（1）在交际法的具体运用过程中仅重视语言意义却忽视了讲解语言形式；（2）在学生使用语言进行交际时仅注重语言的流利度而忽视语言的准确性，但是在处理如何更好地规避这些错误和放任自由的现象时，却有失妥当。

到了 19 世纪 80 年代，普拉布进行了一场有关交际法的实验，该实验名称为班加罗尔实验（Bangalore Project），实验的对象为印度南部地区 8~12 岁的小学生，实验历时 5 年之久在这一实验中，提出了很多实验的类型，同时还将学生的内容设计为各种各样的交际任务，旨在让学生通过任务的完成开展相关的语言学习。普拉布的这项实验引起了语言学界的广泛关注，并被认为是将“任务”作为课堂设计的第一次尝试。该次尝试也成了任务型语言教学的开篇。随后，越来越多的国外语言学家陆续投入到有关任务型语言教学的研究热潮中。纽南、简·威利斯等人都将任务看成探讨的关键，并从不同角度对交际任务进行理论层面的探索和实证的研究。很多学者逐渐意识到，语言的输入并不能保证语言的习得语言习得的关键因素为交互活动、意义协商、语言输出等，只有任务得以实现并完成，学习者才能更有效地进行交互活动、意义协商、语言输出。只有进行不断、持续地深入探讨，任务型语言的体系才能升华为理论模型，进而被人们广为接受。

二、任务型教学模式的基本模式

截至目前，有关任务性语言教学的理念层面的研究要远远多于实践的研究。在诸多关于任务型语言教学模式的研究中，英国著名语言学家简·威利斯的研究最为典型。

任务型教学的基本模式包括前任务阶段、任务环阶段以及语言焦点阶段。其中，前任务阶段就是任务前阶段的另一表述，这一阶段作为起始阶段，主要给学习者提供对其有益的语言输入，通过一些有益内容的输入来帮助他们熟悉将要展开的话题、对新词以及短语等进行有效识别。该阶段的目的主要是使主题内容更加鲜明、突出，同时激活相关的背景知识。

任务环阶段是任务中阶段的另一种表述，该阶段主要包括“任务—计划—报告”这三大环节。在此阶段，学生结对并以小组为单位来完成任务，学生在进行具体交谈的过程中可以畅所欲言，他们的语言使用也是自然发生的。计划阶段是为汇报做准备的，此阶段从对语言流畅性的关注逐渐过渡到对语言准确性的关注上。在汇报阶段，学生可以使用正式、严谨的语言向全班的学生进行简要汇报。

语言焦点阶段是指任务后阶段。语言焦点阶段是在历经了任务环阶段之后，学生对语言已经有了整体的接触。语言焦点阶段又可进一步分为分析和练习这两个小阶段。在分析阶段，对学习者提出了具体要求，即应通过观察分析对其中的规则进行概括和归纳。在练习阶段，教师应适当地对练习进行控制，主要是为了起到一定的总结作用。

三、任务型教学模式的优势与局限

（一）任务型教学模式的优势

任务型教学模式重视学生在语言学习过程中的具体交际过程，并将任务作为活动单位，课堂教学主要由诸多连贯的任务构成。此外，任务型教学模式还强调学生间和师生间的互动，并试图创建一个自然、真实的语言情境，让学生在完成每个具体任务的过程中，借助有意义的协商、交流、做事等来运用语言，从而使学生的语言综合能力得到很好的发展。这一教学模式的优势主要体现在以下几个方面。

1. 任务型教学模式目标具体、明确，和一般的课堂操练存在着很大的不同。这一教学模式不仅重视培养学生的自主完成任务的策略、能力等，同时也关注学生在具体任务完成过程中的参与程度以及在具体的交际活动中所获得的情感体验。因此，运用这种教学模式进行语言教学能让学生在各种各样的任务形式如小组活动、结对活动等中相互合作，同时实现资源的共享，学生在做中学、学中用，不仅有利于学生开展充分的自主实践性活动，而且对激发学生的学习动机也非常有益。学生在完成具体任务的过程中还可以非常明显地感觉到自己的价值。当然，一些学生还能通过亲身实践更好地认识自己的不足之处，使自己完善自我的愿望能够得到很好的激发，以唤醒持续学习和成长的内在动力。

2. 任务型教学模式以学生为中心，教师仅作为组织者、帮手、引导者等角色参与教学，在这一模式下的英语教学中，学生有更多参与合作学习的机会。学生在参与多元化学习活动的过程中不仅掌握了一些基础的英语知识，同时也获得了更多用于实践和交流的机会。相应地，学生的积极性能被充分调动。

3. 任务型教学模式在课堂之前就将任务交给了学生，学生为了更好地完成任务，就会围绕具体任务主动进行信息的收集归纳和整理，进而使任务中的问题得以有效解决。在这一教学模式中，学生不可能简单地运用一项语言、一项技能，而通常是运用多项技能和语言知识。

4. 在任务型教学模式中，所有参与的学生都扮演着相应的角色，并承担着一定的责任。在具体的小组活动中，运用所学语言同其他学生沟通、交流和分享，并在这一过程中慢慢地学会了怎样与人相处，无形中也培养了学生的团队合作精神和运用交际策略的能力。

总的来说，这一教学模式对培养学生的语言综合运用能力还是非常有帮助的。

（二）任务型教学模式的局限

上面分析了任务型教学模式的一些优势，尽管该教学模式是语言教学中一种行之有效的教学模式，并且被认为与语言习得的规律相符，但是这一模式久经尝试，在具体运用中其局限也在不同层面上呈现了出来。

从教师层面来看，这一教学模式对英语教师所提出的要求相对比较高，要求教师应有扎实的专业基本功，同时应对任务型教学模式有充分的理解和掌握，并能够在深谙该教学理论的基础上具备比较强的任务设计的能力、比较好地掌控课堂和随机应变的能力、组织多种多样的课堂活动的能力、教学反思能力、善于运用现代教育技术的能力以及与之相关的对任务进行评价的能力等。

但是，这一教学模式引入我国的时间比较短，并且英语在我国是长期作为一门外语进行学习的，第二语言教学与外语教学是两种完全不同的语言教学模式。对于一些已经习惯于传统英语教学的教师来说，要想有效地开展任务型教学模式还是存在着诸多困难的。此外，就国内来看，与任务型外语教学相关的培训也比较少，这些客观上的不利因素就使一些教师对任务型教学模式有更系统的认识难上加难。如果一些传统的英语教师对这一教学模式不甚理解，很可能会在教学中流于形式，旧瓶装新酒。

从学生层面来看，很多早已习惯于传统英语教学模式的学生通常会对教师的依赖性比较强，并且更加倾向于被动接受学习的模式。如果这一教学模式在运用的过程中没能很好地了解学生的接受状况，很可能会出现学生不配合的情况，学生如果不愿意主动地加入小组合作和学习中，在任务完成的过程中就很难形成师生间、生生间互动的状态，这样就很容易产生教学和学习效果费时、低效的情况。

从考试和评价制度层面来看，目前的主导思想依然是将学习重心放在题目操练和应付各类考试上，这样就无形中使学生没有形成相应的主动培养自身英语交际和综合运用能力的意识。但是，任务型教学模式的理念却与之相反，该教学模式需要学生在活动中完成每项任务，学生的精力和心思如果不在这一方面，很容易产生积极性差和参与意识不高的局面。

第二节　情感教学模式

语言学习本身是一个复杂的习得过程，涉及各种各样的因素。这些因素所起到的作用无形中会对学生学习外语的热情和动力产生直接的影响作用。但是，在现实的教育中存在着重知轻情这一在“知”与“情”

方面教学不平衡的状况。为了使这一现象得以扭转，我国国家级教学名师卢家楣教授提出了旨在提升学生素质且行之有效的教学模式，即情感教学模式。本节就围绕与情感教学模式相关的内容进行探讨和分析。

一、情感教学模式的理论基础

（一）人本主义学习观

兴起于20世纪五六十年代的人本主义心理学以马斯洛和罗杰斯为主要代表人物，这一理论的兴起在美国产生了一股心理学的思潮，其中的人本主义教育理论就是该学习观点下的重要内容之一。根据人本主义教育理论的观点，应充分重视学习者的认知结构和学习者的情感教学，同时还应充分重视学习者个性和创造性的发展。在教学中应围绕学生这一中心，给学生以自我选择和发现自我的机会。罗杰斯还指出，在教学中应注重发展学生的个性，并使学生的内在学习动机得以充分调动，同时要求创设和谐、融洽的人际关系。根据罗杰斯的人本主义学习观，有意义的学习与经验学习都是最为重要的学习。教师作为学习的促进者，应鼓励学生借助多元化的学习方式如讨论、探究、体验、实践等，来发展他们的听、说读、写等综合语言技能。同时，还应对学生的情感给予充分的关注，应努力营造民主、宽松、和谐的教学氛围。对每个学生个体都给予充分的尊重。此外，对大学生而言，还应将就业作为导向，将英语教学同情感教育进行有机结合，创设各种各样的合作学习活动，使学生之间形成互帮互助、相互学习、共享集体荣誉感和成就感的局面，同时应尽可能地建立民主、融洽的师生间有效交流的渠道。

（二）认知主义学习理论

认知主义学习理论也是情感教学模式的理论基础之一。根据认知心理学的观点，假如输入大脑中的信息富于实用性和趣味性，那么当这些信息到达大脑这一中心加工器时，就会产生兴奋的情感，同时会使活跃的思想、行为等快速输出。那么，如何确保所输入的信息兼具实用、趣味的特点呢？其中最为关键的一点就是要摈弃单纯地传授语言知识这一理念，而应使语言知识的传授和真实的生活有机结合起来，这样一来，更加便于学生产生兴奋点，同时也对激发学生积极参与、培养学生运用英语的能力以及用英语做事的能力非常有帮助。要想更好地培养学生在真实生活中运用英语的能力，应对所要教授的教学内容进行充分分析，同时对教学条件以及教师和学生的实际情况给以充分考虑，设计出能在课堂上展开，并能在真实生活中运用的任务，将情感教学融入英语教学中，摒弃传统的以传授语言知识为主的教学模式，使课堂语言教学活动更加接近自然的语言习得过程。根据认知理论的观点，英语学习的过程是新旧语言知识持续结合的过程，同时还是语言能力由理论知识转化为自动应用能力的过程。通常，这种转化与结合往往需要通过学生自身的活动才能实现。那么，在学习新内容时就应充分调动学生的情感并激发学生的兴趣和思维，以此来最大限度地优化学习和教学效果。

二、大学英语情感教学的现状

在英语课堂教学中，积极、健康和愉悦的情感对提高学生综合运用语言能力具有重要的影响。那么我国的大学英语教学中情感因素到底受到了多大的重视？我们在教学中又该如何实施情感教学呢？虽然教师和学生都知道情感教学在大学英语教学中的重要性，但在英语课堂上还没能具体地实施。

1. 教师方面

在我国目前的大学英语教学中，大多采用大班授课，英语课程课时相对较少，任务加重，教师往往过分强调语言学习的认知因素，如语言点的讲授以及课程进度的完成情况，而忽视了情感因素对语言学习的影响，缺乏创设良好的、互动的课堂教学气氛，激发学生兴趣，增强学生自信心与情感体验等。课堂中师生情感没有交流，教学陷入一种沉闷、无生气的状态。久而久之，学生对课堂英语学习缺乏兴趣，出现心不在焉、低头看其他书甚至逃课等现象，学生也因达不到要求而产生焦虑、害怕、紧张、怀疑、厌恶等情感问题，最终影响大学英语教学质量。

2. 学生方面

（1）现在相当一部分学生认为学习英语的唯一目的就是应付考试，通过四、六级，以求顺利毕业。虽然有不少大学生是抱着提高自身素质，为将来的事业打下良好基础的目的来学习英语的，但由于学生受到传统的“以教师为中心”的教学模式的影响，往往是被动地听老师讲、记笔记，导致课堂气氛不活跃，课堂活动参与度不高。此外，学生课堂参与意识不强还有两个方面的原因：一方面很多学生在面对教师和全体学生说英语时感到紧张和焦虑，总是担心自己说错，很难主动参与课堂活动。另一方面很多学生的语音语调不标准，词汇量小，语感也较差，缺少自信，不敢开口，担心老师和其他学生嘲笑，尤其是偏远地区的学生更是如此，这也导致学生上课不敢参与课堂活动。

（2）有的学生虽然具备英语应用技能，但当他们走向社会时，沟通能力、综合素养偏弱的学生往往缺乏发展的后劲，难以应对多变的环境。而且，我们看到，在信息国际化的今天，学生在认识自我价值、处理人际关系、承受生活的压力或应对一些突发事件时，他们往往会不知所措，无法疏解心结，甚至会采取极端的方式。所以，除了认知能力的培养，我们还要关注影响一个人未来的情感因素的培养。

四、情感教学模式的建构

（一）充分调动和激发学生动机

动机是对语言学习产生影响的最基本的因素之一。因此，英语教育工作者应高度重视对学生学习动机的调动和激发。要想更好地调动和激发学生的学习动机，最为关键的就是借助学生本身所固有的好奇心来激发他们的求知欲。在当前的外语教学中，最为流行的激励方式就是创设问题情境。具体而言，创设问题情境就是在内容的讲授和学生的求知心理间制造一种“不协调”，引导学生进入一种同问题相关的情景中。但是，在创设问题情境时，应确保问题小而具体、难度适当、赋予启发性和趣味性，并善于将需要解决的课题蕴含到学生的实际掌握的基础知识中，在心理层面给学生营造悬念。需要尤加注意的是，所创设的问题应以不挫伤和不降低学生的学习自尊为基本前提。根据马斯洛的需求层次理论，每一个个体都以实现自我价值和追求成功为其高级需求，但是这些需求的实现还必须以爱、自尊等比较低级的需求的满足为前提。假如学生的自尊受到了一些不良因素的影响，将会产生不堪设想的后果。

（二）进行正确的归因训练和归因指导

建构情感教学模式还应进行正确的归因训练和归因指导，借此来提升学生的自信心、效能感等。事实上，归因理论是一种相对比较系统的认知动机理论。维纳的相关研究表明，成功或失败的因果归因会引起期望的改变与情感反应，并进而对后继的行为产生很好的促进作用。

（三）借助学习动机的迁移丰富材料呈现方式

建构情感教学模式还应借助学生学习动机的迁移来不断地丰富和完善材料的呈现方式。当前科学技术的发展使多媒体技术的运用日益普遍化。事实上，多媒体技术的普及和应用极大地丰富了教学呈现的方式。例如，教师在讲课的过程中运用图示、实验演示、录像、幻灯等多种方法来培养学生对学习材料的浓厚兴趣。当然，也可以通过学生参与到具体的学习过程来实现激发学生兴趣的目的。只有学生真正地体验到了学习的乐趣，才能更加有利于其创造性和潜能的有效发挥。

（四）创设轻松、愉悦的学习环境

学习环境也是对学生情感产生重要影响的外部因素。学习环境不仅有利于陶冶学生的情感，同时还能有效激发学生的学习动力和热情，无形中对学生的身心发展起着潜移默化的作用。通常，在愉快、轻松的学习环境中，学生的思维更加活跃，记忆力相对更强一些，学生通常能够处于最佳的学习状态。作为大学英语教师首先应该明白，要想为学生创设轻松愉悦的学习环境，最基本的就是给学生最大限度的自由，让学生能够在毫无拘束的环境下全身心地投入学习中。当然，不仅如此，教师还应为学生创设民主的氛围，在此过程中，教师可充当学生的学习向导和学习伙伴的角色。学生处于这种民主、自由的学习环境中，才会有一种安全感，也才能取得最佳的学习效果。

第三节　分级教学模式

所谓“分级教学模式”指的是以学习者的学习水平和学习潜能为标准，将学习者划分为不同的层次，并在此基础上开展相应的教学活动。因此，分级教学模式体现了因材施教的教学理念，其最终目的是让不同层次的学习者在自己的起点上取得进步分级教学模式的理论。

分级教学模式是教学者根据科学的教学理论开发出来的，主要包括i+1语言输入假设理论、学习迁移理论、掌握学习理论。

（一）i+1语言输入假设理论

分级教学模式以克拉申的i+1语言输入假设理论为重要的理论依据。这个理论对分级教学模式的影响主要表现在以下两个方面：

（1）从课程理论角度来看，i+1理论不仅注重知识的获得，更注重学习者获得知识的途径。具体来说，i+1理论强调学习应采取循序渐进的步骤、方法和过程，这正是分级教学的精髓。

（2）从教学实践来看，分级教学根据学习者在性格、动机、态度、认知风格、语言技能等方面的差异来确立不同的教学目标要求与方法，符合i+1理论的要求。

（二）学习迁移理论

学习迁移指的是已学得的学习经验对如今学习的影响，一般包括两种影响。当之前的学习经验对学习起到促进作用时，便是正迁移；反之，起到抑制或干扰作用时，则属于负迁移。奥苏伯尔的认知结构迁移理论认为，学习者头脑内的知识结构就是认知结构。当学习者对新知识进行同化时，其原有认知结构在内容与组织方面的特征就是认知结构变量。奥苏伯尔提出了影响新的学习与保持的三个认知结构变量，通过操纵与改变这三个认知结构变量可以进行新的学习与迁移。以奥苏伯尔的认知迁移理论为基础，把对原有知识掌握水平相当的学习者安排在一起组织教学，即采取分级教学模式，能够促进学习的正迁移，取得较好的教学效果。

（三）掌握学习理论

美国心理学家布鲁姆的掌握学习理论认为，学习者成绩不理想不是因为学习者的智慧欠缺，而是由于欠缺完备的设施与合理的帮助。当具备适当、合理的学习条件时，绝大部分学习者的学习能力、速度与动机等都会变得十分相似。因此，采取分级教学模式可为不同潜质的学习者提供多样化、个性化的教学手段，从而尽可能地将学习者潜能挖掘出来。

二、分级教学模式的原则

分级教学模式在具体实施之中需要遵循一定的原则，主要包括循序渐进原则和因材施教原则。

（一）循序渐进原则

循序渐进源自宋朝朱熹的《朱子大全·读书之要》。朱熹在总结自己的读书方法时提出，“循序而渐进，熟读而精思”，“未得乎前，则不敢求其后，未通乎此，则不敢志乎彼”。遵循循序渐进原则，就是指教师在传授知识时既要尊重知识的内在规律，又要采取相应程度的学习者可以接受的教学形式。分级教学模式使教师得以在学习者英语知识体系的基础上进行教学，采取适合他们的教学方法，从而使学习者逐步提高语言技能。

（二）因材施教原则

孔子曾提出“柴也愚，参也鲁，师也辟，由也喭”。朱熹将其概括为“孔子教人，各因其材”，由此产生了因材施教的说法。所谓因材施教，是指教师要从学习者的实际出发，有的放矢地进行教育。

由于环境、教育、学习者本身的实践等方面的不同，学习者之间必然存在一定的差异性。近年来，随着扩招政策的推进，越来越多的学习者得以接受高等教育，但不同学习者在英语水平方面的差异却不容忽视。在这种情况下，如果不对这种差异性进行充分考虑就把英语水平悬殊的学习者安排在同一班级，很容易出现程度差的学习者“吃不消”、程度好的学习者“吃不饱”的尴尬局面，进而造成教学资源的巨大浪费。而分级教学模式承认学习者之间的个体差异，可以为学习者提供满足其自身需要的教学条件，从而取得理想的教学效果。

三、分级教学模式的实施

分级教学模式的实施可以从以下几个方面着手：

（一）合理科学进行分级

分级教学不要求全体学习者达到同一目标，而是按照不同的级别制订不同的教学目标。因此，进行合理、科学的分级是分级教学模式取得实效的前提。为此，应采取科学的分级试题和分级标准。具体来说，应以《大学英语课程教学要求》中的各级词汇量为基础来组织分级试题，同时应注意题目的层次性。分级标准则应对分级测试结果、个人实际水平、个人意愿等因素进行综合考虑。在具体的教学实践中，将学习者分为A级与B级两个级别较为合理。此外，为缓解B级班学习者的心理压力，调动他们的学习积极性，可利用周末时间为他们补课。这样，B级班学习者可以尽快达到A级班学习者的水平，从而在同一水平上竞争。

（二）提高分级区分程度

高考英语成绩与摸底考试成绩是很多院校进行分级的标准。但是，常常有一些学习者因为几分之差甚至因一分之差而没能进入A级班，而这一分之差往往很难说明英语水平的高低。因此，为了提高分级的区分度与合理性，可在分级时听取学习者本人的意见，进行双向选择。学习者往往对自己的实际英语水平与兴趣点有较好把握，他们由被动接受转为主动选择可以增强主体地位，提高他们在后续学习过程中的自觉性与积极性。

（三）实施升降级调整机制

实施升降级调整机制，就是对学习者的学习程度进行动态管理，使学习者的级别随学习的兴趣、成绩以及能力的变化而变化。具体来说，B级班的学习者取得进步，达到A级班水平时，教师可将其升入A级班，以激励学习者取得更大的进步。A级班的学习者未能取得进步，且成绩滑落到B级班程度时，教师也可将其降入B级班，以给予其适当压力需要注意的是，进行升降级的调整应坚持选拔与自愿相结合的原则，且应在一定范围内定期调整，不可过于频繁。

（四）制定科学评价标准

在分级教学模式下，不同级别应采用不同难度的试卷，这就很容易造成一种不良现象，即英语水平高的学习者所取得的英语成绩竟然低于部分水平低的学习者。因此，为提高评价的科学性，可采取以下两种措施。

1. 采取总结性评价与形成性评价相结合的方式来确定最终成绩，具体办法是增加平时表现在总评成绩中的比重。

2. 根据各级别试卷的难度设定一个科学的系数，通过加权算法从宏观上调整两个级别的分数。

（五）尽量避免负面影响

任何事物都是优势与缺陷的集合体，分级教学模式也不例外。作为英语教学改革中的新生事物，分级教学模式不可避免会带来一些负面影响，如操作过程较为复杂、考勤管理较为烦琐、学习者产生不良情绪、班级归属感降低等。这些问题不及时解决，会对分级教学模式的推进带来阻碍。因此，教育管理者需要制定相应的制度规范并根据遇到的问题及时调整，从而将分级教学模式的不良影响控制在最小范围，将其优势最大限度地发挥出来。

四、分层教学应注意的问题

尽管在日常的英语教学中，分层教学有利于提高课堂效果，也最大限度地体现了个性化教育，然而在实施分层教学时教师也要注意以下几方面的问题。

1. 教师的教学观念要正确

一种好的教学模式的形成绝不是一朝一夕，不能急于求成。英语分层教学模式的形成同样需要教师长期踏实地工作，在这个过程中教师肯定要经历探索、尝试、失败，有时甚至是痛苦的心路历程。教师如果能在这种蜕变过程中坚持下来，不断地总结、反思、再实践，就能不断地完善、提升，从而形成一种有效、成熟的教学模式。

2. 教师要具备较强的教学组织能力

在实施分层教学的课堂上，教师既要最大限度地挖掘优秀学生的潜力，又要最大限度地提高后进生的课堂参与度；而且在分层教学的课堂上既有教师的讲授，又有小组间的活动，所以教师的课堂目标设定能力和教学组织能力急需在实践中得到提高。否则有可能一节课只关注到了某一类学生而忽略了其他学生，从而降低了课堂效果。

3. 教师要充分考虑学生的差异

分层教学的最终目的是促使全班学生都得到最大限度的发展，追求的是不同层次的学生都能获得成功的体验，所以我们教师千万不可把目光只放在优秀学生的身上，把后进生当作负担；也不能在课堂上只注意后进生的基础知识训练而忽略了对优秀生能力的挖掘。这就需要教师在备课时一定要充分考虑学生的差异程度，设立正确的课堂教学目标，采用有效的课堂教学方法。

4. 教师要加强对学生的心理辅导

无论是优秀生还是后进生，他们都是敏感的。教师的教学方法，教师对他们的态度，他们都可以感觉得到，因此一定要避免在开展分层教学时增加学生的心理负担。毕竟在分层教学的课堂上教学目标是不同的，教学方法也是多样的，教师要特别注意学生的心理变化，尤其要关注的是后进生。如果发现他们有焦虑、自卑、叛逆等情绪，教师要尽快做好学生的心理疏导，或及时调整教学方法，以消除他们的不良心理状态。

教师应该有让学生几乎察觉不到的分层教学的艺术，无论是从课堂教学、作业布置，还是从每一个环节的评价上，我们都应该用爱悄悄地点燃学生心中那个热爱学习和喜欢挑战的火种，但是这一切对于教师来说却是一个前所未有的挑战。

第四节　模块教学模式

模块教学模式是大学英语教学改革的重要组成部分。这是种系统性的教学模式，以大学英语教学为系统，将其分为知识、技能、拓展三大模块，并在不同的学期中进行有针对性教学，从而最终提高学生的综合语言应用能力。

一、模块教学模式的定义

随着英语教学改革的推进，英语教学系统发生了重大的改变。英语教学向着能力化、技能化、多样化、信息化的方向发展。英语模块教学模式就是在这种转变中被提出的，因此其在一定程度上反映了时代发展对大学英语教学的要求。所谓模块教学，指的是通过一个能力和素质的教育专题，在教法上强调知能一体，在学法上强调知行一致。模块教学模式主张提高学生的素质和具体技能，教学中通过集中开展理论技能、实践等活动来实现教学目标。

大学英语模块教学能够丰富英语课程，实现课程的多样化同时对于学生来说，模块化的教学形式通过丰富的课程，便于提高学生对英语学习的兴趣，调动其学习的积极性。随着现代科学技术的发展，英语教学课程的固定化越来越难适应社会形势。采用模块教学，也能在一定程度上使英语教学贴近时代发展，增强人才培养的时代性。

二、模块教学模式的展开

对《大学英语课程教学要求》进行分析可以看出，其对于英语水平的划分提出了不同的能力要求。在这种多层次的要求下，大学英语很难通过一整套教学实现人才的全方位培养。英语模块教学模式主张在一定时期内对学生进行阶段性目标的培养。这种观点正好迎合了教学要求。由于模块教学模式是对整个教学系统的管理，因此其在实施过程中需要教学工作者进行科学设计。

拓展模块主要是对学生的能力进行拓展，因此可以开展丰富多样的课程。具体可以包含以下几个方面：

模块 1：开设应用专业型英语后续课程，如时事新闻、商务英语、旅游英语、经济英语、法律英语、商务信函写作、实用英语写作等。

模块 2：开设实用技能型英语后续课程，包括日常口语提高、高级口语、听力提高、演讲、视听说、高级写作等。

模块 3：开设跨文化知识型英语后续课程，介绍英语国家文化、常识、思维方式、价值观、民俗、礼仪、历史、教育、跨文化研究等。

模块 4：开设欣赏型课程，内容包括欣赏电影、音乐、神话、小说、诗歌、散文、演说等。

模块 5：开设综合考试型课程，包括继续通用英语的深入学习、考研英语、各类出国考试的培训。

上述模块依据学生和社会的需求，以语言实践为目的，实现提高学生的英语实际应用能力、交际能力和文化修养、专业信息获取能力，从而适应社会需求。这样的拓展模块设计，细化了学生对大学英语教学的需求，在整体上建立和完善了与传统大学英语教学体系完全不同的大学英语拓展模块体系。

第五节　研究性学习教学模式

教育部高等教育司 2007 年颁布的《大学英语课程教学要求》明确指出："教学模式改革的目的之一是促进学生个性化学习方式的形成和学生自主学习能力的发展。"因此，在大学英语教学中充分利用网络资源，开展研究性学习，恰好与大学英语教学改革的总体要求相吻合。大学英语研究性学习是当前大学英语教学改革的大趋势，是培养创新人才的有效途径。它目前在很多大学得到推广和实施，并取得很好的教学效果。本节就重点介绍研究性学习教学模式。

一、研究性学习及其教学模式的定义

20 世纪五六十年代，美国芝加哥大学约瑟夫·施瓦布教授在《作为探究的科学教学》的演讲中首先提出了研究性学习的概念。施瓦布认为学生的学习过程与科学家的研究过程在本质上带有相似性。因此，学生应该在日常学习过程中努力发现问题、解决问题，以期获得知识，提高自身的语言能力与研究技能。上述观点在 20 世纪 80 年代的国际教育界得到了广泛的关注。

总体来说，对于研究性学习的定义，学术界存在以下两种观点：

（1）研究性学习是在开放的教学环境中，以培养学生研究式学习方式为目标的定向培养课程。在研究性学习教学中，教师需要使学生了解不同的研究方法，从而提高学生的研究技能与学习能力。

（2）从狭义上讲，研究性学习是相对于传统的接受性学习而言的，其通过使用探究性学习和教学方法来提高学习者的学习能力。

研究性学习以自主性、探索性、开放性以及创造性为特点，通过学生亲身实践获取直接经验，养成科学精神和科学态度，掌握基本科学方法，提高综合运用所学知识解决实际问题的能力。和传统的英语教学模式不同，在研究性学习教学模式中，学生是学习的主体，是知识的主动建构者，教师是教学活动的组织者、引导者和促进者。在这种教学模式下，师生关系能够得到和谐的发展，师生通过主动的积极建构进行知识的学习。总而言之，研究性学习教学模式，是指在创新性教育观念的指导下，以建构主义心理学和发现说为理论基础，坚持以学生为中心，以自主学习为主要路径，以能力培养为价值取向，重视探索、研究、发现等学习实践过程。

二、研究性学习教学模式的意义

研究性学习教学模式是一种新的知识观、教学观，是大学英语教学改革的重要模式之一。研究性学习教学模式主张学生的平等参与，对学生进行能力教育，同时其学习方式向着深度学习转变，使学生真正成为学习的参与者。下面对研究性学习教学模式的意义进行总结：

（一）研究性学习教学模式能够进行知识观的建立

传统的英语学习是一种旁观性的学习，学生对知识的吸收主要通过被动的记忆与课堂教学。研究性学习教学展开的前提是对学生知识观进行改变，从而建立一种新型的主动的知识观。在研究性学习教学中，学生能够真正有效地参与课堂活动，从而将课堂知识内化为“个人知识”。在这种模式下，学生的参与意识得到激发，会在学习中注入自己的热情、经验、品位等。

（二）研究性学习教学模式能够建立一种新的课程观

传统的大学英语教学主要受知识课程观的影响，教学中将关注点放于教学目标与结果的完成上，致使英语课程带有控制性与封闭性。而研究性学习教学模式则以能力课程观为指导，在教师的引导下，学生能够根据自己的兴趣爱好进行不同的课题研究，从中培养自主学习能力、独立创新能力。研究性学习教学模式的能力课程观尊重并鼓励学生的个性化，主张在开放的教学环境中进行活动的展开，反对在教学中过多渗透成人的经验与文化，而以学生的经验为核心进行教学的展开与实践。学生角色的转变能够使学生对学习进行批评与反省，从而对知识进行重新理解与吸收。

（三）研究性学习教学模式能够建立一种新的教学观

研究性学习教学主张对学生世界观、学习观和知识观的重新建构，通过在情景中展开教学，提高学生的主动性与社会性。这种教学模式以理解现实世界为目的，是一种应用性很强的教学形式。在研究性学习教学中，教师通过探究的方式进行教学的组织与知识的传授。师生之间是一种平等、互助的关系。教师通过对教学的引导能够开发学生不同的特质，从而形成个性化的教学。

三、研究性学习教学模式的展开

研究性学习教学倡导以开放的教学环境为依托，以学生能力的提高为目标展开教学活动。因此其教学关键是对学生的实践能力与创造能力进行培养与提高。这种教学模式要求打破传统英语教学的束缚，关注学生的学习潜力与个性特点，从而使学生成长为拥有独立学习意识与自主钻研能力的学习者。通过对研究性学习教学模式的总体论述，下面对教学展开的几个重要方面进行总结。

（一）创设适合教学的问题情境

研究性学习教学模式主张对学生学习积极性和主动性的开发，因此在教学过程中创设一定的问题情境十分有必要。适合教学的问题情境要能够引起学习者的求知欲望，通过将教学内容与求知心理的结合，让学生主动将自己代入学习中。同时在这种教学模式下，学习者能够清楚地了解教学目标，因此其研究的欲望就能得到激发。教师在设计教学问题的过程中，需要考虑到问题的趣味性、挑战性，并结合学生的年龄特点进行开放性和实践性的教学。

（二）注意独立研究与合作交流的结合

研究性学习教学模式主张学生独立思维的培养，因此教学过程中学生能够根据自己的经验对教学内容中的问题进行研究与发现。这种独立研究能够激发学习者的思维，是其主动建构知识的过程。这个过程和传统英语教学中被动的知识接受不同，能够使学习者感受到获得知识的喜悦，从而加强学生的自主意识和独立研究能力。在研究性学习教学模式中，还需要让学生在独立研究的基础上进行同学间或班级内的合作交流活动。在这种交流活动中，学习者能够展示自己的思维过程与研究方式，并吸收同学们研究的优秀之处。在交流与融合的过程中，学生的合作意识与语言运用能力都会得到提高，同时对班级凝聚力的形成也大有裨益。

（三）教师在研究性学习教学中的作用

在研究性学习教学模式中，教师的角色得到了改变，成为教学的指导者与促进者。相比传统的教学，这种开放性的教学环境对教师的要求有所提高，研究性学习教学模式是一种新兴的英语教学形式，因此学习者很难在最开始完全适应，同时也不能领会到这种教学的目的与意义。而在这个过程中，教师对学生的引导十分重要。教师需要保证一定的教学效果，同时还不能过分干预学生主体性的发挥，因此这对于教师能力是重大的考验。

为了提高研究性学习教学模式的效果，教师可以利用一些新兴的英语教学手段开展教学工作。例如，通过多媒体、网络进行教学内容的展示，引起学生对其研究的兴趣。在学生研究的过程中，教师可以进行引导，并教授学生常见的研究方法。在学习结束后，教师还需要对此次教学的目的、研究内容、研究意义进行总结，从而使学生的学习主人翁意识得到增强。

四、研究性学习教学模式在英语教学中的应用

大学英语教学是学生提升语言能力的关键一环，在这个过程中使用研究性学习教学模式能够提高学生语言运用的能力为其以后走入社会进行语言交际打下良好的基础。研究性学习教学模式是一种开放型的教学，在英语的不同学科中都能得到广泛应用。

（一）大学英语视听说课中研究性学习教学模式的应用

在传统的英语试听说课中，学生主动学习的热情不高，因此教学效果

不理想。众多学者主张将研究性学习教学模式应用到英语视听说教学过程中，初步构建以“策略引导—多元互动—立体化”为特色的大学英语“研究性学习”视听说教学模式。

（二）大学英语语法课中研究性学习教学模式的应用

语法是一种规则性知识，因此对语法的教学相对枯燥，需要学生进行记忆。因此在教学中提高学生的学习兴趣与学习主动性，成为提高语法教学质量的重要途径。在大学英语语法课中，教师可以采用原因探究的形式进行教学。这种教学方式是半控制教学，可以通过以下几个步骤展开。

1. 教师创设需要解释的语法情景。

2. 对教学活动任务进行解释说明，要求学生在后续练习中使用要学习的语法项目。

3. 教师提示不同的语法情况。

4. 学生根据自己的想象与语言基础进行解释。

这种研究性学习教学能够调动学生的积极性与想象力，对其语言使用能力的提高也大有裨益。

（三）大学英语词汇课中研究性学习教学模式的应用

英语词汇具有一词多义的特点，在教学中无法穷尽每个词汇的每个含义，因此进行研究性词汇教学能够使学生自主探索词汇的含义与用法。这种方式在增加教学趣味性的同时，对学生词汇量的提高也有重要的作用。

研究性学习教学模式对大学英语教学有着重要的指导作用，教学者可以根据具体的教学实际与学生的特点展开有针对性的教学工作。

第六节 ESP框架下大学英语教学模式

在全球化的背景下，英语作为国际主要通用语言，需要满足各类人员的需要。在此条件下，ESP（即专门用途英语）应运而生，它是一种基于特定行业、特定内容的英语类型。ESP 具有更强的专业性，实用价值比较高，这与我国高校人才培养的目标具有一致性，因此在 ESP 框架结构下对高校大学英语教学提出了更高的要求。高校传统的大学英语教学模式很难满足高素质人才培养的需要，教学模式的改革成为必然的趋势，并且改革需要以新的思路为指导，以新的模式为创新，将 ESP 全面融入英语教学中来，突出专业性英语人才的培养目标。

一、专门用途英语的内涵

ESP 是“English for Specific Purposes”的缩写，即“专门用途英语”或“特殊用途英语”，如旅游英语、外贸英语、财经英语、商务英语、工程英语等。ESP 教学理论是由英美等国的应用语言学者在 20 世纪 60 年代提出的。在当时，全球经济迅猛发展，科学技术日新月异，国际贸易、金融保险、邮电通信、国际旅游、科技交流等全球范围内的交往日益频繁，英语作为国际语言的地位也日益得到加强，成了一种世界性的语言。但因为学习者具有不同的学习目的，这就要求采用不同的教学内容和不同的教学方法，改革传统的概念，确立新的概念，即把英语当作交际工具来教，培养学生在不同的实际环境中运用英语的能力。而随着语言学领域的革命及教育心理学的发展，人们开始强调学习者个人的需求和兴趣，认为学习态度和学习动机对于学习效果有着重要的影响，因而教学的重心应由传统的“教师中心”转向“学生中心”，并最终转向“学习中心”，这些领域的研究成果都为 ESP 的形成奠定了理论基础。为了满足各类人员学习英语的需要，ESP 便应运而生了，而学英语热的持续升温又导致了 ESP 的迅速发展。

二、专门用途英语的特点

通过对专门用途英语概念的阐述以及分类，我们可以总结出专门用途英语的几个特点。

首先，专门用途英语是一种教学途径，不是特殊的语言种类，也不是种产品。它与教学方法、教学技术有本质上的区别，专门用途英语通常是指语言本质和如何进行语言学习的研究。同时，根据特定学习者群体的需求来制订教学教材、教学内容、教学方法和教学技术等。专门用途英语的语言无论是在形式上还是在种类上，教学方法并没有与其他形式截然不同，各个领域之间的语言差异不能否定语言的根本共性。

其次，专门用途英语教学是英语语言教学的一个分支学科，并不是有别于常规语言教学的特殊存在，相反地，专门用途英语教学恰恰正是英语语言教学的一个分支。专门用途英语通常与特定学科领域或者职业有紧密的关系，是根据学习者的学科需求或者职业需求所设置的英语课程，实用性和针对性较强。

再次，专门用途英语教学在原则和教学方式上与一般用途英语教学基本统一，并没有独特的教学方法。专门用途英语与普通英语教学的不同之处就是根据学习者学习需求的不同，进行教学方法和教学内容的转换。由此可见，对学习者的需求分析是专门用途英语教学活动开展的重要部分。

从次，专门用途英语是一个特定的语言范围。部分学者曾统计得出专门用途英语与常规英语的词汇超过半数是重叠的，而且很多科技词汇都是由常规词汇通过构词法派生出来的，专门用途英语与常规英语的语法结构基本保持一致。因此，专门用途英语与常规英语是紧密相连的，专门用途英语不能作为独立于英语语言之外的专门语言，它只是一个特定的语言范围。

最后，专门用途英语是一种多元化的教学理念。由于学习者需求的不同，专门用途英语的教学内容、教学方法也呈现出多样性。由于专门用途英语与特定的学科领域、职业领域具有很大的相关性，因此要求专门用途英语的语言知识要涉及大量的专业知识，学习者的需求也表现出不同的特点。在不同国家和不同地区，专门用途英语教学的政策支持、教学重点存在很大差别，这也会导致专门用途英语教学内容、教学方法呈现出多元化的趋势。

三、专门用途英语在我国高校英语教育中的定位研究

在我国高校英语教学改革的大背景下，外语界大批的研究者对我国高校英语教学的方向提出了自己的观点。秦秀白于2003的研究认为高校英语教学应该定位在“专用英语”（ESP）上，并提出了较具体的想法：大学阶段的前两年，学生应该学习“学术英语”（EAP），其听、说、读、写诸多方面的技能训练都应围绕开展学术活动进行了。到了高年级阶段，学生应该结合自己的专业学习更高层次的“学术英语”，相当于国外倡导的“专用学术英语”。蔡基刚提出我国大学英语教学的发展方向应该是ESP，而不是外语通识教育。他明确提出外语人文类课程不能也不应成为基础英语后的唯一选修课程，更不能成为大学英语的发展方向，未来大学英语教学的定位应该是ESP教学或学术英语。

张莉与方悦娴于2012年在对国内ESP教学发展状况进行研究的基础上，提出ESP将是大学英语课程改革的出路并对ESP课程在各类型大学的定位提出了自己的想法：就学校而言，普通院校以EGP为主，ESP作为辅助或选修；重点大学应逐渐转向不设公共英语课，学生入学

后直接接受双语教学。关于ESP在我国英语专业教学中的定位，多位研究者如南佐民、陈葵阳等，都表达了类似的观点，即ESP是培养复合型英语专业人才的一种有益尝试。孙有中和李莉文则认为无论是英语专业还是大学英语，教学中心都应该及时对专门用途英语做出调整。关于ESP在我国英语教学中的定位，这些研究者基本都认同ESP是我国大学英语教学的发展方向。但大部分研究者对ESP在我国大学英语中的应用深度，还持保守态度，大多认同大学英语要分阶段教学，先是通用英语，再进行专门用途英语的教学。我国普通高校的大学英语教学不应该再有阶段之划分，因为现在大部分学校的公共英语课程只有三个学期。在有限的课时内，还要将一门课程进行分割，无法让教学软资源和硬资源得到集中有效的利用，必然使课程效果大打折扣，正如学者蔡基刚对于大学英语教学的观点："大多数大学都可以用学术英语替代目前的综合英语。我们不是要取消大学英语，我们要的是另一种大学英语。"这里的"另一种大学英语"，我们在本研究中称之为大学ESP课程。

四、国内大学专门用途英语课程历史沿革

我国ESP课程的历史可以追溯到新中国成立初，当时建国迫切需要新的科技的支持，需要一大批能够看懂国外科技文献的专业人才。在这样的时代背景下，1962年出台了第一份大学英语教学大纲。在此大纲的指导下，1977年以前，我国大学的英语教学内容以科技英语为主，学生学习英语的目的就是阅读科技文献。这一阶段大学英语就是专门用途英语阅读课程。20世纪80年代以来，我国对英语教学的大纲进行了积极调整，大学英语教学开始慢慢转向听、说、读、写、译能力的全面培养上。大学英语教学基本分两个阶段：基础英语教学阶段和专业英语教学阶段。专业英语教学主要是由学科老师来承担，某种意义上专业英语课程就是

专业相关材料阅读课。大学英语教学的主要任务是通用英语，因为专业英语在大部分高校都不属于大学英语教学组的课程任务，而归为各专业学科组。近年来，随着我国外语教学领域与国际接轨的深入，国外语言学的各种流派和各种语言教育的理论和方法不断进入我国英语教学研究者的视野。在应用语言学理论的影响下，ESP语言教学方法在我国大学英语教学改革的过程中越来越受到关注。我国各大高校也开设越来越多的不同类别的ESP课程。

结合我国部分高校开设英语课程的现状，可以看出虽然许多大学的大学英语教学部系针对非英语专业本科生开设了一些专门用途英语课程，但是大都是学术英语。许多大学各专业部系也开设了自己专门用途英语类课程，主要是专业英语课和双语课程。专业英语课程的开设主要集中在自然科学类学科，经济管理类和法律等专业性较强的学科也有开设专业英语课程，这些专业英语课程的教师大部分都由学科专业教师承担，但名称各异。总体上各大高校开设的专业英语课程均以专业选修课的形式出现，以考查的方式进行测评。

五、大学英语教学运用专门用途英语理论的可行性

英语教学的最终目标是使学生实现从学习语言到使用语言的转换，培养学生在特定职业范围内运用这门语言的能力。英语课程不仅应打好语言基础，更要注重培养实际使用语言的技能，特别是使用英语处理日常和涉外业务活动的能力。因此，大学英语的教学必须考虑学生的英语学习需求和用人单位的人才需求，满足不同专业对它的不同要求，为学生提供真正实用的服务。ESP教学使语言学习服务于专业学习，帮助学生在实际工作中以最快速度直接了解各专业领域的最新发展动态，使学习与实践相互促进。引入ESP教学，与相关专业英语教学有机结合起来，这样才能培养出既精通专业，又有较强的外语能力的复合型人才。ESP

教学是社会语言学给语言教育制订的高标准，也是社会实践的基本要求，运用专门用途英语理论指导大学英语教学是可行的。

（一）专门用途英语的教学原则符合大学英语教学要求

专门用途英语主要有以学生为中心、真实性、需求分析三大基本教学原则，专门用途英语的这三大教学原则也符合大学英语教学的要求。

1.“以学生为中心”的原则

ESP 具有鲜明的目标性，其学习者多为成年人，且学习时间有限，教学大纲和教材都是建立在学生将来的工作需求基础上的，这些都决定了它的教学过程必须“以学生为中心”。ESP 教学以培养学生的交际能力为目标。教学目标的确定、内容的选择和教学方法的采用，首先要考虑学生学英语的目的和原因，要由他们用英语进行交际的需要和学习需要来决定。哈钦森、沃特斯认为虽然强调语言运用可以帮助我们陈述教学目的，但在 ESP 教学中我们关注的并不是语言的运用，而是语言学习。真正有效和可行的 ESP 教学途径必须建立在充分了解语言学习过程的基础上。这里的“语言学习”指的是能使学生理解和说出规范语言的学习策略和教学方法。强调“语言学习”，实际上就是强调开展以学生为中心的各种教学活动。这一点与大学英语教学要求相符合。大学英语教学要改变传统的以教师为中心的方式，在教学大纲和课堂教学等方面都强调以学生为中心，设计多种形式的课堂教学活动，根据不同的课程需求、不同学生的语言水平采用灵活多样的课堂学习任务，让学生“做中学”，提高学生自主学习能力和参与能力，充分调动学生的学习积极性，发挥学生的主观能动性，注重培养学生的语言实践能力以及跨文化交际能力。做到让学生学点、会一点、用一点，提高大学英语教学的效率。

2.“真实性”原则

真实的学习任务是体现ESP教学真实性原则的重要组成部分，真实性是ESP教学的灵魂。教材内容主要来自专业相关的真实语料，练习设计和课内外教学活动都应体现专用英语的社会文化情景。“真实的语篇”加上“真实的学习任务”才能体现ESP教学的特色。真实的材料包括科技杂志的文章、实验报告和产品使用说明等不同体裁的语料。真实性体现在阅读技能的训练、听说写等语言技能的训练以及学习策略和交际策略的培养上。大学英语教学也要求尽量使用和专业相关的真实的材料使学生的学习更有针对性和目的性，以便学生毕业后能尽快适应岗位工作，使大学教学更加具有实用性。高校学生对目标岗位的真实任务和真实的材料都格外有兴趣，关注度也极大地提高。

3.“需求分析”原则

需求分析是制订ESP教学大纲、编写ESP教材的基础。在ESP教学领域，需求分析包含两方面的内容。一是分析学习者的目标需求，即分析学习者将来必然遇到的交际情景，包括社会文化环境、工作环境以及特定环境可能给学习者在未来工作中带来的特定心理状态等。二是分析学习者的学习需求，包括学习者缺乏哪些方面的技能和知识，哪些技能和知识应该先学，哪些应该后学，哪些是学习者喜欢的学习方法等。约翰·斯瓦尔斯认为：学习需求分析还应包括对教学环境的考察，因为校园或课堂文化氛围、教师队伍状况、教学后勤工作等方面的因素也会直接影响教学需要。高校学生英语水平差距较大，应用能力更是参差不齐，所以大学英语教学强调以“实用为主，够用为度”，从学生的实际需要出发进行教学。根据不同学生的基础，设计、调整好教学层次，突出职业岗位的重点能力，有所侧重，并使学生的听、说、读、写、译各项语言技能协调发展。大学英语教学课时安排非常有限，应结合学生的专业需求，教给学生最迫切需要的、必不可少的语言知识和技能。以最大限度地提高学生在校的学习效率。ESP 以需求分析作为教学的出发点和中心，分析和满足不同学习者的不同需要。通过“用中学，学中用，学用结合”，为高校学生高效地获取职业或专业所要求的语言交流形式提供一种可行的方法，适合高校学生的客观实际。

从以上内容可以看出，ESP 教学体现了语言教学和学习是为行业发展岗位技能提高服务的，这些都大大提高了学生的学习热情。ESP 的教学原则与大学英语教学所提倡的尊重学生的学习个性和特点，一切以学生的真实需求为本的理念不谋而合，运用专门用途英语理论指导大学英语教学是可行的。

（二）专门用途英语的教学理念与未来大学英语培养目标一致

ESP 强调从专业的需求出发，探求一种英语与专业相结合的方式。它以实用为导向，与职业紧密结合，注重学生语用能力的培养。这与现阶段我国大学英语教学强调的培养与职业能力相匹配的英语使用能力这一目标相一致。ESP 注重培养学生的交际能力，提高学生使用英语在目标岗位范围内活动的能力，培养能够在特定专业领域或行业领域范围内运用专业语言交际的专门人才。现阶段我国大学英语的培养目标也是要培养学生在特定职业范围内运用这门语言的能力。ESP 目标的设置把“目标情景”分析或需求分析作为教学的出发点和中心，提炼出与职业或学术领域相适应的英语应用能力，然后整合词汇、语法、教法等教学因素，形成一个针对性特别强、以实用能力训练为中心的教学路径。现阶段大学英语教学以岗位所需英语为基本目标，培养学生在其将来的工作岗位上能够借助英语完成工作任务。由此可见，ESP 为我们提供了实现大学英语教学目标的可借鉴的观念和工具。

（三）高校学生具备接受专门用途英语教育的基础

ESP 学习者均为成年人，包括从事各种专业的高级人才，在岗或者正在接受培训的各类人员，在校大学生，中专生或职业中学的在校学生等。他们把英语作为一种手段或工具来学习，以便进一步进行专业学习，或者是把英语作为手段或工具来学习以便有效地完成各项工作。高校学生通过高中阶段的学习已具备了一定的英语语言基础，掌握了一定的语言基础部分，即不论学习对象将来从事何种工作，都必须掌握的语言知识。学生的词汇量、语法知识、文化背景知识和交际技能已经能够帮助其完成一般的交际任务，学生已经具备一定的接受 ESP 训练的能力。在此基础上开展 ESP 教学，传授略高于其现有的知识，使他们在某一专业或职业上实现英语知识和技能专门化，让学生深入学习营销英语、金融英语、机电英语、物流英语等这些他们毕业后最可能从事的专业中会用到的英语，有利于激发学生的学习兴趣。ESP 教学是通用英语教学的扩展和延续，是从基础英语能力的培养向英语应用技能培养的过渡。高校学生通过对专业英语的学习掌握一定的专业词汇和会话，能阅读专业相关产品使用说明、操作指南，熟悉行业英语实用写作规范等，实际上是对其专业能力的加强和补充，对学生终身学习和可持续性发展进行的铺垫。

（四）高校教师具备专门用途英语教师的潜质

从当前的通用英语教学过渡到标准的 ESP 教学还需要一个过程。专门用途英语教学需要培养的 ESP 教师队伍既要有较高的英语水平，又要有定的专业知识，是英语教师和专业教师的完美结合。高校教师具备专门用途英语教师的潜质，可以通过对已有的教师资源进行培训，来培养符合 ESP 教学要求的具有综合语言能力的教师。对具备良好的英语基础的英语教师进行专业培训，鼓励年轻的外语教师攻读其他专业的硕士学位，或对英语水平达到一定标准的其他专业的教师进行英语培训，不断壮大双师型教师队伍，使他们成为支撑 ESP 教学的第一代教师。同时，高校英语教师和专业教师加强业务合作，进行跨学科合作教学，弥补彼此的不足，不断提高教学队伍的素质，逐步建立起一支专业知识和英语知识都过硬的 ESP 教师队伍。目前，高校与企业学研结合不断加强，高校英语教师的操作技能和动手能力在这个过程中不断提高，对于学科专业知识、发展趋势和企业岗位实践的深入了解，再加上扎实的语言基础知识，为 ESP 教学打下基础。

高校英语教学应考虑学生的学习需求，将学习基础语言与学习专业语言结合起来，教学重心需要从 EGP 教学向 ESP 教学方向转移。运用 ESP 理论指导高校英语教学是一次大的革新，也是高校英语教学改革的现实需要。

六、专门用途英语理论对高校英语教学的启示

ESP 是一个完整的教学体系，它将语言知识与专业知识融合起来的。同时它还是一种英语教学的途径，把英语的运用与专业有机地结合起来，充分体现英语的工具目的，符合高校教育的培养目标与客观实际。把 ESP 引入高校英语教学中，使高校英语教育事业建立在科学的理论基础之上，对目前的英语教学是一次重大改革。专门用途英语理论对高校英语教学有以下启示：

（一）转变高校英语教学观念

高校英语教学要转变教学观念，明确“英语是解决问题的工具”这一理念，使教学更加实效化和多样化。可以借鉴和引进国内外行之有效的 ESP 教学理论和方法，将 ESP 与我国高校英语教学相融合。围绕培养目标，按照循序渐进的教学规律和高校英语“实用为主，够用为度，应

用为目的”的教学原则，将整个教学活动从以往的单一“公共基础课”，逐步划分为基础英语、实用英语和专业英语三个阶段进行了。在教学中要将学习者看成是目标情境中的语言用户，而不是课堂上单纯的语言学习者。高校英语教学内容与教学活动要与学生未来的目标岗位群相关，为职业服务，让学生体会到英语学习不再是语言知识的积累，而是为今后从事专业领域工作服务，成为解决问题的工具，从而激发学生的学习兴趣和学习动力。

（二）高校师资建设要引起重视

高校教师队伍应具备跨学科的知识，对高校教学目标有全面、深刻的认识，从而为高校英语教学改革的顺利进行提供有力保障。合格ESP教师的培养和培训至关重要，然而我国ESP教师教育专业目前存在很大空白，缺乏教师重新进行培训的成熟体系。要想使ESP教学获得可持续性发展，政府和主管部门应该把ESP当作一个新的行业重点投入，根据市场的需求对师资培训结构进行整合，尽快建立相关体系或模式来培养ESP教师。学生的培养和能力建设需要外语和专业学科的共同参与，因此，各高校和研究机构也必须注重加强外语和各学科间的学习与合作。只有先使教师成为复合型的创新人才，才能培养出创新型的学生。

（三）形成独立的高校英语教学评估标准

目前，我国高校英语教学没有自己独立的评价标准及评价模式，社会对学生英语水平的评估主要以国家针对普通高校学生通用英语水平测试的四、六级考试为标准，这样会导致学生对以专门用途英语学习为目的ESP课程不感兴趣。ESP教学最终的目的是要使学生在英语语言方面的能力得到社会的认可，因此要确保ESP在高校英语教学中的应用，科学的ESP教学评估体系的确立要和ESP教学同时进行。加强对ESP的宣传，特别是加深社会、政府、企业对ESP的了解，增加认同感，逐步扩大ESP在社会上的影响力，在高校英语教学体系中建立ESP主导的职业类别的英语水平考试，以取代目前纯属形式主义的职称外语考试。让ESP教学在社会上有相当大的影响，形成社会对高校英语教学独立的评价标准。ESP教学是市场需求与高校英语教学的结合点和切入点，高校英语教学要以学生为中心，提高学生的英语应用能力，使学生从为文凭而学习转变成为提高就业能力而学习。努力把英语学习、信息技术和专业知识三位一体地结合起来，并进行互动式的职业训练，有效地培养高校学生的英语应用能力，从而增强学生的就业竞争力。基于专门用途英语理论的高校英语教学改革是一个浩大的工程，需要各方面的大力扶持、合理规划和制度上的保证，以及政府部门、高校院校和高校英语教师的共同努力。

七、基于专门用途英语理论的大学英语教学模式改革实践

当前的社会经济发展在不断推动着高校办学模式的发展，高校英语教学也必须紧跟时代发展的步伐，不断发现和解决英语教学中存在的种种问题，并在实际英语教学活动中逐步加以解决，以求达到高校英语教学的最优化。高校英语教学要为企业和岗位服务，培养学生在今后职业岗位的涉外场合使用英语进行基本的语言交际或实际操作，能够通过外语技能更好地发挥专业技能，真正体现学有所用、学以致用的宗旨。ESP教学方法实际上就是一个专业与英语结合的方法体系，可以用它来指导我国新的高校英语教学体系的构建，改进高校英语教学。根据学生的专业方向、职业类别以及岗位中英语的使用情况，在英语听、说、读、写、译诸项能力中，有针对性地进行侧重培养。从实用出发，摒弃复杂的语言理论知识，结合专业培养学生的外语交际能力。根据培养目标和业务范围，使知识、能力和素质协调发展，实现共同提高。我们谈及的基于ESP理论的高校英语教学改革，主要是针对前文提到的高校英语教学存

在的问题，就如何进行解决或改善进行论述，内容主要分为高校英语教学目标、英语教材、课堂教学、实训、考核方式、师资提高等几大方面。在高校英语教学中，主要进行以下改革。

（一）以“需求分析”为基础确定高校英语教学目标

根据ESP的以学习为中心的需求分析理论，高校英语课程的开设和教学实施，首先必须对目标需求和学习需求进行分析，确定高校英语教学目标、内容重点，为学生在目标情境中进行职业交流做准备。目标情境需求的分析本质上就是针对目标情境问题，挖掘出学习过程中不同学习者对目标情境的态度。主要从以下三个方面入手：

第一，目标情境中必需的知识与技能。它是学生将来用英语进行活动的目标情景的客观需求，也就是说学生要想成功地在目标情境中运用语言，所必须获得的知识和技能。以商务英语专业为例，要能有效地在商务领域工作，要求学生掌握英语语言基础知识和运用英语进行商务洽谈、书写商务函电与合同等相关的词汇以及在这种情境中常用的语体、语篇结构等，具有电子制单、因特网上交易的能力，能进行国际商务谈判，从事涉外商务管理与服务、对外贸易、市场营销等。

第二，学习者在目标情境中用语言工作存在的差距。指学习者当前的语言知识和技能与目标情境中所需的语言知识与技能相比，学习者还缺乏哪些知识与技能，这些缺乏的知识就是学生要学习的主要内容。根据学生的原有水平和课程对学生的要求来设计课程，有利于把握学习材料的难易程度，开发出适合学生的教材。

第三，学习者自身的需要。学习者对自身需求的看法也不容忽视，学习者的学习的目的、学习经历、对英语的态度和文化信息等主观因素是课程设计中一个重要的部分。学习者自身的学习需要有时会与目标情境的需要有冲突，也有可能目标情境的需要并不足以满足学生的需要。

在设计课程中始终要以学生为中心，重视学习者自身的需要，加强学习者的动力。高校英语的教学必须考虑学生的需要，摸清学生的语言基础和知识水平，熟悉学生的兴趣爱好和愿望。同时还要了解市场需要，学习者将来在目标岗位必然遇到的交际情景、岗位环境和应具备的知识与技能。高校英语的教学目标可以定位为：贯彻实用为主、够用为度的原则。重视学生基础薄弱的现状，教学中贯穿必要的语言基础知识，将培养目标具体化。以岗位所需英语为基本目标，培养学生在涉外相关工作中的英语听、说、读、写、译综合技能，借助英语完成目标岗位工作的能力。

（二）针对学生专业选择和编写高校英语教材

教材与教育思想、教学原则、教学方法、学习理论和实践有着直接的关联，是各种教学理论、方法和手段的体现。它也是教与学的重要资源和依托，决定了教与学的基本方法，是教学的关键。随着现代科技的飞速发展，学生对学习材料的需求呈现多样性，职业教育教材的形式也变得丰富多彩起来。为了满足学生的多元需求，进一步激发学生的学习热情，职业教育的教材应当根据岗位对学生英语能力水平提出的要求，强化听力和口语教学训练，增强其作为交流工具的实用性。同时，应协调好基础英语教材和专业英语教材之间在内容上的对应关系，强调英语“听说读写译”五大技能和专业英语能力的培养，增强英语的实用性，还可以根据实际情况自主开发教材。

英语与专业相结合是指把英语语言知识，如词汇、语法、听说训练和学生所学的专业结合起来，运用英语这一语言工具来为专业服务。高校英语教材应该以实用为原则，把真正反映岗位需求的英语知识传授给学生，为学生进入工作岗位做准备。

第一，按学生专业选择英语教材。教材作为学习输入的主要信息源，对 ESP 教学的成功与否起着决定性的作用。以“需求分析”为基础来选择教材可以减少 ESP 教材选用中存在的随意性和盲目性。对符合需求的教材，我们还应进一步分析其“真实性”的含量，确定其是否在目标方面迎合真实的交际需求，在选材方面具有真实的交际内容，在练习方面提供真实的交际环境和真实的交际任务。根据需求分析理论和真实性的原则，高校英语必须服从各个专业不同的教学培养目标和教学要求，围绕高校生在未来实际工作中面临的英语涉外业务和活动进行教学，教材应当结合学生专业进行选择，考虑不同专业的特色和岗位的特点，侧重从各自的职业岗位中选取教学内容。例如，旅游专业毕业生将会经常用到的日常交际用语、景区介绍等，模具、电气专业常见的产品说明书、技术指导、维修指南等，使学生就业时拥有该岗位所需的英语能力。杜威提倡：“把学习的对象和课题与推动一个有目的的活动联系起来，乃是教育上真正的兴趣理论的最重要定论。”根据专业选择高校英语教材，能避免教学资源的浪费，提高教学效率，保障坚持“实用为主”的教学原则的实施。同时，按专业选择教材充分体现了高校公共英语教学对个性的重视和关怀，让学生感到英语学习与岗位就业的相关性，激发了学生学习英语的兴趣。

第二，依据职业岗位能力的要求，设立课程模块选择教材。高校生英语应用能力是专业导向要求的重点。高校英语教师要认识到高校人才培养上的职业性，根据社会对所教专业学生的英语运用能力的实际需求，有选择地使用英语教材，强化学生的英语职业技能。如文秘专业的学生在将来的职业岗位中，主要是与客户在电话、网络、商务会谈中用口语进行直接交流。因此，要侧重英语听、说能力的训练。而模具专业的学生，更多的是接触有关产品说明书、技术指导、维修指南等书面文字，因此要求着重培养学生业务资料阅读和翻译能力。

课程内容的更新整合与新课程的开发，需要紧密结合社会经济技术的发展，必须对应不同教育对象的教学目标进行。课程结构就是课程的组织与流程，反映教学的框架与进程。例如，旅游英语教学工作，根据培养目标与基本要求设置课程，力求从旅游英语方面来提高学生的英语水平，并根据旅游专业实践性强的特点，将旅游英语课程设计为两个模块：基础英语模块和旅游英语模块。基础英语模块以必需和够用为度，突出内容的针对性和应用性，注重探索以能力为基础构成的知识体系。国内外旅游英语教材都存在一定的局限性，在教材选择上应采取以一本权威教材为主，几本有特色的教材为辅，同时充分利用专业网站资源的方法。网络上很多视听材料都是很好的教学资料，同时，在授课过程中插入中国传统文化的介绍。旅游本身就是最重要的跨文化交流活动，应该充分重视通过多种教学手段，锻炼学生用英语向国外游客介绍中国古老的历史文化和美丽的自然风光。拓宽学生的知识面，培养学生的应用能力、实践能力和创新能力，突出人才培养的实用性、即时性和时代性，适应日益与国际接轨的中国经济发展的要求。

第三，师生、企业共同参与编写教材。为了突出高校教育人才培养的针对性和实用性的特点，高校英语教师可以根据专业课程的特点，用社会调查和职业岗位分析的形式，获取专业岗位所需要的英语知识结构和应用能力要求，有针对性地编写具有本校特色的英语教材和配套辅助教材，自编校本教材应力求适合学生的英语水平和真实需求。在征询专业课老师、资深行业从业人员和已毕业学生意见的基础上，综合考虑职场需要，确定有关专业英语的内容、深度、范围等，剔除高深的理论教学，包含专业目标岗位群中常用的英语知识，增加贴近生活实际的或最新实用的辅助教材，把教学内容延伸到课外。

首先，教师根据专业课程的特点编写教材。教师要阅读一些普及性的专业书籍，并借阅学生的专业教材与笔记，对学生的专业学习有个框架性的了解。向专业教师和相关行业从业人员咨询，了解从事相关行业必须掌握的知识。同时，征求他们对学生ESP学习的目标、内容等方面的意见。与已毕业的往届学生沟通，了解工作中最实用的英语知识。关注职场信息，用相关人才招聘在外语素质上的要求来指导ESP教学内容与方向。专业要紧密结合市场最新走向，需要教师深入实践一线，收集教学素材，编写切合市场实际的实用性讲义。现在高等院校普遍开始实行“教师下企业”制度，无形当中促进了企业和学校交流的进一步融合，也促进了教材的完善和发展。

其次，企业专业人才参与编写教材。在教材编制的过程中最好能与专业领域的人士合作，可以聘请企业专业人才参与编写英语教材，选择与专业相关的各种题材的语篇，包括目标岗位常用的一些说明书、技术合同、技术图纸，还有企业自编的一些专业词汇表等，都可以用来作为教材。根据企业的实际情况、产业结构和产品结构的调整对教学内容进行增补、更新和完善。提出合理的修改意见和建议，确定学生必须掌握的英语技能去掉与生产实际不相符合的内容，增补紧密联系实际的先进的知识和技术，使教学内容能灵活地适应新理念，以保证学生学到实用的知识和技能，使培养出的学生更具岗位适用性。

最后，学生参与校本教材的开发与应用。学生参与ESP校本素材的开发与应用能充分调动学生的自主性，激发学生的责任心，促使学生全程全力地参与，从而使ESP的学习更具针对性和实用性。教师带领学生进行社会需求和职业岗位调研，分析从事岗位（群）工作所必需的专项能力。同时，鼓励学生参与ESP校本教材大纲的确定、教学内容的筛选、校本素材的搜集整理与加工、校本教材的应用与考核等。教师、学生群体、学校资源与校外行业资源之间进行全方位的合作。让学生从自己平时在专业课程学习、业余兼职、媒体网络或其他途径搜集有关ESP方面的材料，尤其是已毕业学生在工作中应用到的产品及技术方面的英语素材。讨论并汇总本专业ESP学习可能的范围与内容。在综合多方信息的基础上，师生共同讨论、确定教材的内容范围，并依据学生专业学习的顺序划分出内容章节来。同时，发挥现代信息技术的强大功能，建立公共网页平台，开设电子公告栏，方便其他专业老师、往届毕业生、行业从业人员参与编写教材。带领学生搜集、整理、编辑 ESP 教材的过程是提高英语教师专业业务能力的有效途径。另外，对 ESP 教材的试用过程，也是不断进行完善的过程。实际教学中，还需给更新、更实用的素材随时补充进来留有空间，以替换某些相对落后的内容，使教材的建设处于动态的完善过程中。

（三）校内校外实训结合，提高学生的英语实践运用能力

语言学的研究表明，人的语言能力如果停留在认知的水平上是很容易遗忘的，因为语言能力必须通过语言行为才能得到不断强化和保持。学习者要能使用他学过的语言，并拓展到新的语境中，还要作为一名语言使用者，根据他的需要创造出新的话语。这是英语实践运用能力的重要表现，也是高校英语教学的最终目的。高校教育在突出“应用”教学特色的过程中，强调专业教学要进行实践训练，组织学生经常练技能，到现场实施教学，提高学生的动手能力，实现高校毕业生的高就业率。高校英语教学作为职业技能和素质培养课程，在教学改革过程中也应当改变“重理论，轻实践”的倾向，要将校内实训教学与校外实训结合起来。

（四）建立科学合理的评价与考核体系

改革高校英语教学效果，提高学生在就业中的适应性，不仅体现在考试分数的高低上，更重要的是体现在学生对实际操作技能的掌握和社会对高校毕业生应用能力的认可程度上。因此，高校英语考核方式应该要特别突出学生对英语知识和技能的应用能力，对高校生学习成绩考核要从单一的卷面测试逐步转向英语应用能力的全面评价上来。实现多元

化英语就业能力考评办法，打破传统的以笔试定成绩的局面，强调笔头功夫和嘴上功夫“齐抓共管”，听、说、读、写、译综合考评，使学生更注重语言应用能力的培养，摆脱应试学习模式。英语课程可以借鉴其他课程的考核形式，如设计形式、实训形式、技能考核等多种考核方式，全面考核学生的综合素质，这样可以真实地反映出每一名学生掌握技能的能力和学习效果，对提高教学质量起到推动作用。

1. 针对英语基础知识和应用能力进行考核

目前，高校英语学科考核的主要形式是期末闭卷考试。平时成绩包括学生平时出勤情况、课堂表现情况、单词听写、平时作业、学生语言能力的评价等。素质教育评价的内容应包括语言知识、语言技能、学习态度学习策略和学习习惯等多个方面，避免纯知识性的考核。高校英语的考核模式应更为多样，除了期末卷面成绩外，教师更应从平日多角度对学生进行考核。除了上述提到的基础知识考核外，还应进行应用能力考核。考查学生对英语各项应用能力的学习掌握情况，根据教学进程需要不定期进行专项能力考试。采用朗读、对话、表演、口译、讨论、竞赛等形式。可以灵活地穿插在课堂教学过程中进行，随时记分。如听力的测试可以安排在每堂课的前10分钟，教师给学生播放一段事先准备好的短文或者对话，学生完成相应的填空或选择题，利用语言学习系统将成绩统计出来，期末时再计算出每人的学期听力平均成绩，按一定比例纳入考核总分。高校学生最重视的口语考核可以分成两部分：课堂参与和期末口试。课堂参与的形式包括回答问题、参与课堂讨论发表自己的观点、朗诵和背诵教师精心挑选的文章段落等。阅读考核除了课本上的内容外，还可以给学生挑选一些题材广泛、知识性和趣味性兼顾的泛读文章。写作考核主要以平时作业的形式进行，教师可以根据课堂教学内容或课外精选的主题让学生进行写作练习，上交批改，还可以鼓励学生自愿写作，如上交英语周记、英语海报、通知、便条、个人简历、广告制作等，根据内容和次数酌情给分。建立学生平时考核档案，由教师核查、存档，作为本门课程考核的一部分。此外，学生参加的各种校内外英语听说等技能竞赛，按成绩分档次，记入教学考评，期末时将各项应用能力总结起来，按百分比进行期末总评。

2. 结合专业特色和目标岗位需求进行考核

根据学生专业对英语听、说、读、写、译的能力侧重点不同，适当调整对各项应用能力的考核标准，重点提高该岗位群中所需的英语技能。英语教师应该经常结合专业特色和岗位需求进行一些专项训练，如选择一些产品说明书、业务信函、广告、器械操作流程说明、场景模拟角色扮演等，来引起学生的重视，更全面地考核学生的英语综合水平。可以采用与专业教师或从业行家合作的方式，让学生在为 ESP 教学检测而设的试题库中随机抽取一份英文材料，并依其进行模拟操作的模式进行考核，将“学、用、考”三者更紧密地结合起来，充分体现高校 ESP 教学的应用性原则。依据考核结果对学生进行奖惩和对英语教学进行调整。

在学生实训过程中，企业和学校对学生英语技能和实际操作中的表现要做出各方面的评价，教师在学期总评时，按一定比例归入学生能力考核成绩。可以根据企业岗位的英语能力要求组织考试，对学生进行考核，突出实用性，强调英语应用能力，帮助学生更好地发现自身的不足。促使学生更加努力地学习，增强在没有外部协助的情况下，通过自主学习或团队合作解决预设岗位中实际作业问题的能力，提高学生的就业竞争力。这种校企共同参与培养英语应用能力实践的考核办法，最能体现专门用途英语理论指导下高校英语教学定向性、适应性的特征。其评价结果是高校生就业、上岗前展示英语应用能力水平最有力的说明。

3. 结合英语等级证书和职业英语技能证书进行考核

根据高校教育培养目标，培养学生的实际运用能力是高校英语教学的重点。因此，教师和学生必须适应市场需求，遵循就业导向，按照“实用、够用”的教学标准，处理好等级考试与英语技能学习之间的关系，丰富英语等级考试的对象。高等院校普遍把英语应用能力考试三级或B级作为主要考核标准，英语应用能力等级证是缺乏社会工作经验的学生说明自身英语技能的最好证明。但是它只能是英语学习的一种考核方式，教师可以将分数作为课程的终结性成绩计入学分。学生如能在完成该课程前取得英语等级证书，证明其英语能力符合社会要求，可以提前结束课程学习。各个行业的职业英语技能证书具有行业的独特性和适应性，是对高校生职业技能和职业能力的鉴定性考试。学生如果就业时持有一份职业英语技能证书会更有专业性和说服力。因此，高校公共英语教学中，学生根据所学专业取得相应的职业英语技能证书，比如通过剑桥商务英语等级考试（BEC）、金融专业英语证书考试（FELT）等，也可视同该课程合格。同时积极鼓励学生继续提高英语听、说、读、写、译等应用方面的技能，让英语学习向高层次的方面发展，并对取得的成绩予以奖励。这样能极大地鼓舞学生学习的动力，有助于培养更高层次的英语技能人才。

（五）联合学校与企业加强师资力量的建设

高校教育要紧贴社会的需求，因此，高校教师需要不断地学习来适应社会的迅猛发展。高校应每学年抽出一定的时间，建立个性化、终身化的培养体系，对教师进行英语教学改革、教学内容、教学方式、专业英语等方面的培训，针对各个专业，以满足个性化的培训需求，促进每位教师的专业成长，从根本上提高教师的教学水平和教学质量。只有教师的教学理念、教学方法等发生转变，才能够提高课堂的教学质量。高校英语教师既要讲授英语的基础知识、关键点、难点，还要学习专业知识，以适应英语课程改革的需要。只有一专多能的教师，才能培养出通专多能的学生，才能保证教学目的的顺利实现和教学质量的不断提高。目前高校真正的“双师型”英语专业教师非常缺乏，学历高、职称高、专业知识丰富的人又很少会愿意放弃专业从事教育行业，可以采取以下两种办法来加强高校英语师资力量。

1. 大力培养双师型教师

目标，高校英语教师必须首先把自身“工学结合”起来，掌握专业知识，积累专业从业经验，才能使该专业实现工学结合，让学生领略到工学结合的魅力和重要性。这就要求原来的英语教师要深入生产第一线，熟悉某一专业（如国际贸易、旅游、数控、机械等专业）的生产现场和作业流，最大限度地提高自身的实践技能，以适应高校应用型技术人才培养目标对教师的要求。外语系要充分依靠自己的力量，利用他方的资源，建立适合本系的复合型人才培养要求的师资队伍。就地取材，创造条件对现有的教师进行培训，选拔一批语言基本功扎实、工作认真负责的英语教师或派出进修学习，或到各个专业跟班听课，鼓励教师考取职业资格证书等，提高专业英语教师的“双师”素质，培养一批具有一定专业知识的英语教师。多层次的培训，对教师提高学历，更新知识，提高专业理论水平、业务能力起到重要作用。如经贸专业的英语教师，他们承担着外经贸英语函电、外经贸应用文写作、外经贸业务洽谈等课程，并利用网络资源，将有关学科的最新信息下载、编辑，制成讲义，丰富课程内容，呈现出教学共相长、师生同进步的态势。还可以校企联姻，创建实践、实习基地，挂靠企业落实实践环节教学。让教师有机会到企业参观、实践，参与企业的经营管理等。同时，还组织有关教师下厂参观考察，到企业见习、顶岗锻炼。学校应积极鼓励教师去企业挂职锻炼，承担科研项目，参与技术革新与改造，同时积极鼓励教师参加教学改革和教材编写等工作，以多种形式和手段促使教师提高业务和教学水平。教师在带队实习和参与企业的科研攻关等活动中可以及时发现学校教育中的偏差，从而调整课程设置和教学安排以适应用人单位的需要。比如我们组织教师参观公司或企业，使教师能和企业管理人员交流，相互学习，了解企业实际情况，有利于进行实践教学。

2. 积极引进企业优秀人才

在招聘富有实践经验的专职英语教师的同时，从企业、涉外行业聘用兼职英语教师也是一个改善高校英语教师队伍构成的重要举措。积极引进，聘请专家、学者和具有丰富经验的企业家当兼职教师或到企业中聘请高级商务人员和管理人员担当学校的客座讲师、教授，以解决高校教育教师队伍的紧缺问题。可以聘请知名企业高层管理人员来学院讲课，此外，因为行业竞争的加剧，许多具有良好英语应用才能的企业界人士面临着重新择业的局面，高等院校对于他们来说具有很大的吸引力。高校可以从行业引进英语水平高、有工作经验的人才加入高校英语教师队伍，以改变目前教师的知识结构、学历结构，彻底纠正重理论轻实践的倾向。

第七章　基于认知语言学的英语教学策略

本章以认知语言学为视角，结合英语教学实际，首先对认知语言学的英语教学观进行了阐释，然后尝试构建基于认知语言学理论的英语教学模式，最后提出了基于认知语言学的听力与阅读策略，以期提高大学英语教学质量，增强大学生的英语综合应用能力，满足新时代对英语人才的需求。

第一节　认知语言学的英语教学观阐释

一、语言教学观概述

教学观（也称教学理念）是教师对教学活动本质与过程的认识、理解以及所持的观点与态度，是教学活动的基本指导思想。教学观指导教师开展教学活动，决定教学的过程和结果。

语言教学观是建立在语言观与语言习得观基础之上的语言教学理念。语言观基于对教学客体的研究，探索“什么是语言？”；语言习得观关注学习主体的学习过程，探寻“如何学习语言？”；语言教学观则探讨教学中各个要素的安排，探究“如何教授语言？”。

确定语言教学观基本原则的关键在于对语言本质与结构的认识，即对语言观的理解。相较于其他语言观，认知语言学对于语言结构的描述更加全面合理，更能揭示语言的本质。它对语言和语言习得的新解读为语言教学带来诸多新启示，可大体归纳为以下三条基本的教学理念：（1）以构式习得为教学目标，以理据驱动教学过程；（2）以不对称频次输入为教学内容，以显性教学提升效率；（3）以体验性与交际性活动为主要教学活动。

二、基于认知语言学的英语教学观

（一）以构式习得为教学目标，以理据驱动教学过程

在“以构式习得为教学目标，以理据驱动教学过程”理念的指导下，外语教学的目标是帮助学习者习得各种构式。词汇、多词单位或预制词块（multi-word unit/prefabricated chunk）、语法都属于构式的不同表现形式，均为形式—意义 / 功能配对项；应特别重视久被忽略的多词单位或预制词块。教学中若能揭示构式形式—意义之间的关系，展现构式意义—意义之间扩展的理据，可使学习过程变得有据可循，促进深层理解和记忆。

1. 以构式习得为教学目标

由认知语言学的语言观和习得观可知，语言的基本单位是构式（construction），是有着规约关系的形式—意义 / 功能配对；构式可大可小，可简单可复杂，可具体可抽象。从简单的词汇到复杂的句子均为构式单位；构式是涵盖了从具体词汇到抽象语法的连续体。学习者（儿童及成人）通过少量接触语言材料，即可习得新构式。而英语学习者不成功的原因往往在于没有学到足够的构式。因此，语言教学的主要目标应为帮助学习者熟练掌握语言中的各种构式。

传统外语教学中对于词汇和语法采取两分法，词汇为一个教学重点，语法为另一个教学重点。词汇—语法两分法忽视了词汇—语法连续体中大量的规约性表达（conventional expressions）及表达模式（patterns of expressions），而这些恰恰对于语言的流利程度起重要作用。母语使用者正是因为掌握了大量的规约性表达及表达模式，才可以快速连贯地使用语言。认知语言学指导下的教学以构式为中心，特别重视多词单位（multiword units）或预制词块（prefabricated chunks）的地位。预制词块可大可小，从标准搭配（standard collocations）到样板语言（boilerplate language），可十分具体或部分图式化（允许在某些位置有所选择或变化），如 lead to、a substantial proportion、speak a language fluently、what I have in mind、I am not referring to...、not even、in principle、ranging from...to...、large chunks of...、as...traditionally conceived 等。目前英语课程材料和真实的母语语料在这方面存在较大差别，如英语课程材料中短语动词（如 get up、work out 等）出现的频率和重复的次数要远远少于真实的母语语料，且在练习中未得到补足。能将这些词块的组成部分熟练地连接起来同掌握词汇和语法单位同等重要，因此词块应成为英语习得教学大纲中的重要组成部分。

2. 以理据驱动教学过程

学习语言需学会识别和运用语言中的构式，识别构式意味着可以将构式的形式与意义联系起来。认知语言学认为形式和意义之间的联系并非任意的，而是有据可循的，且语言中的理据性广泛存在，不是边缘或偶然现象。认知语言学本身为各种语言现象提供了有效的解释工具，能降低语言系统的任意性。认知语言学指导下的外语教学倡导探索形式和意义之间建立起联系的理据，寻找规律，因此比传统的教学方法更能拉近形式和意义之间的关系。例如，习语的形式和意义间的理据可以通过词源来解释，如习语 keep a tight rein on someone 源于骑马，骑马时拉紧缰绳（rein），即加强了对马的控制，用在人身上则为加强对人的操控。此外，在传统教学中，语法被视为一个自治的系统，更看重其结构和形式，语法学习主要为规则记忆；而认知语言学认为“语法结构也有意义”，有据可循。例如，在 He hammered the nail into the wall. 一句中，hammer 一词发生了词性转换，由本来的名词转为动词，这一现象可以通过转喻来解释，即用 hammer 这一工具表示相关动作。再如，语法中的名物化现象：We couldn’t prevent the destruction of the town by the enemy. 是从 We couldn’t prevent the enemy from destroying the town. 句式转换而来的。动宾短语 destroying the town 表达的动作事件可以名物化，转变为名词短语 the destruction of the town 的理据为概念隐喻 EVENTS ARE OBJECTS（概念隐喻和转喻是人的基本思维方式，分别指用具体简单的概念来理解复杂抽象的概念，以及用事物的某一部分或特征来指代该事物）。

根据认知语言学的范畴观，语言的意义动态发展，以典型意义（具体意义）为中心，边缘意义（抽象 / 比喻意义）渐渐远离原型，形成一个辐射范畴网。无论是语音、语调、词素、词汇还是语法，所有的构式都存在这样的语义网络。通过一般认知和经验处理机制，如意象图式转换（image-schema transformation）、概念隐喻（conceptual metaphor）和转喻（metonymy）等，可以建立从典型意义向边缘意义扩展的网络。外语教学中应揭示意义—意义之间的联系，解释意义—意义建立联系的理据，展现语言中意义相互联系形成语义网络的特点。具体来讲，对于一些难以掌握的多义词或语法，教学中可以先让学习者熟悉其典型意义，再展示各种意义从典型意义拓展出来的方式，帮助学习者在看似有很大差异的用法之间建立起概念联系。例如，介词 beyond 的教学可以从其典型意义“超出、远于”（如 The road continues beyond the village up into the hills.）入手，通过概念隐喻扩展为“不理解”之意（如 Such philosophical subtleties are beyond my reach.）。此外，还可将意义—意义之间联系的理据作为出发点，通过认知机制的分类来安排学习内容。例如，实证研究表明，在教授短语动词时，可以根据认知理据进行分类，如将

find out、turn out、stand out 等短语动词归为概念隐喻 VISIBLE IS OUT 的类别中，将 look up、show up 等归为概念隐喻 VISIBLE IS UP 的类别中，其记忆效果远优于孤立的、按照字母顺序排列的方法。

20 世纪 50 年代，在结构主义和对比分析假说的语言观和习得观指导下，产生了“听说教学法”。这种方法重视结构忽视意义，认为语言学习是对英语形式的习惯养成过程。认知语言学指导下的教学理念将形式—意义配对的构式视为语言的基本单位，一方面加强对处于词汇和语法连续体之间的词块的重视，另一方面突显意义的地位，在教学中注重探索形式—意义联系以及意义—意义联系的理据。这种重视词块的教学理念更符合语言的实际特点，且重视理据的理念更符合英语学习者的学习特点。实证研究表明，重视理据的方法可以加深理解，减少死记硬背；促进深度学习，提高记忆和学习效果；还可产生积极的情感作用，帮助建立信心，是“一种比单纯记忆更自然和有趣的过程”。

（二）以不对称频次输入为教学内容，以显性教学提升效率

根据“以不对称频次输入为教学内容，以显性教学提升效率”的理念，教学中若优先集中高频呈现某一构式的典型成员，之后低频输入其非典型成员，则可加快该构式的习得速度。语料库可以帮助教师和学习者获得某一构式不同成员在自然语料中使用频率的准确信息，从而确保教学内容符合不对称频次输入的特点。然而，英语与母语的学习和教学存在差别，因此无法仅靠输入来完成所有学习目标。显性教学可以提高学习效率，解决仅凭输入无法解决的一些问题。

1. 以不对称频次输入为教学内容

认知语言学基于使用的语言习得观否认天赋语言习得机制的存在，认为语言学习同其他科目（如数学、地理等）的学习无本质区别；通过通用认知机制（如类比、归纳概括、记忆、注意力等）自下而上地学习

语言。因此，语言输入频率和方式对语言学习影响很大。一方面，输入频率决定构式习得的速度。某一例子出现频率越高，越容易被习得。另一方面输入分布与顺序决定构式习得的效率。实证研究证明，与对称频次输入（balanced input）相比，不对称频次输入（skewed input）可加快新构式的学习；如果优先呈现目标构式中出现频率最高的成员，学习、概括构式的速度则更快；此外，训练中应排除目标构式以外的其他构式，否则会阻碍目标构式的学习。其中，不对称频次输入是指输入中目标构式典型成员的出现频率大于非典型成员，对称频次输入指所有成员出现的频率相当。事实上，通常情况下自然输入即不对称频次输入，构式的典型成员或语义原型出现频率最高。

由此，英语教学可以得到如下启示：通过调整目标构式的输入频率、分布和顺序来加快构式的学习。换言之，输入也应分级，先呈现大量典型成员，掌握后再输入非典型成员；典型成员高频重复，非典型成员低频呈现。典型成员是学习某一构式的出发点，学习者以此作为类比的基础；呈现某一构式的各种成员则可帮助学习者掌握构式的结构，更有创造性地使用该构式。因为自然输入多为不对称频次输入，所以教学中应尽量为学习者提供日常交际中使用的、纯正的语言材料，保证输入符合自然频次分布。但自然语料无法保证优先输入的是目标构式，而且其中混杂了目标外构式，因此，可以辅以语料库来设计输入语料。语料库语言学具有以大量真实的语言数据为基础、自下而上分析语言、以多词单位/预制词块为重点的特征。这些特征与认知语言学基于使用的观点、语言知识源于语言使用、将词汇和语法视为统一连续体等观点相契合。教学中若利用语料库作辅助，可以实现目标构式的优先和不对称频次输入。

2. 以显性教学提升效率

由于各种干扰因素的存在，英语习得和母语习得存在诸多差异，学习者无法像母语习得那样完全依靠不对称频次输入来学习英语。决定外语学习的要素有：输入频率、注意程度、目标项目的复杂程度等。输入频率越高，越容易导致偶然学习；能够注意到英语的形式或母语和英语的差别是习得的前提条件；英语目标项目的复杂度和母语背景有关，若英语目标项目有可能受到母语迁移的负面影响，则复杂度高、较难习得。

在外语学习的输入材料中，高频构式的输入频率往往远超偶然习得的需要，而低频构式的输入频率无法满足偶然学习的条件，因此学习低频构式需要更多努力。通过额外的显性练习可以促进低频率构式的学习。然而，即使有足够的输入频率，英语学习者也远不如本族语者成功，原因在于已养成的注意（noticing）习惯使英语学习者注意不到英语与母语的不同之处，因此完全依靠自下而上进行归纳、概括的方法无法让学习者高效地习得英语。学习者还需摆脱母语迁移的负面影响，克服母语的识解习惯，学习新的识解方式，因此需要通过显性教学中的解释、对比等方式，明确指出英语同母语的形式差别，以及英语识解的不同特点。相比其他语言观，认知语言学提供了目前最为准确、系统和完善的语言模型，能帮助教师更好地进行显性教学。

20 世纪 60 年代，随着生成语言学派的语言观和中介语、自然习得顺序等英语习得概念或理论的出现，奉行“不干预”理念的自然法、沉浸法等教学方法应运而生。这些教学法以“可理解的输入”理念为指导，采取“不干预”政策，鼓励英语学习者模仿母语习得方式，从输入中通过偶然学习的方式习得英语。这些方法能有效提高输入能力（听、读），然而最终习得成效有限，特别是对输出能力（说、写）帮助不大。原因在于英语习得和母语习得之间存在差异，英语学习者受到母语的影响，无法完全隐性学习英语。认知语言学视角下，以不对称频次输入为教学内容的教学理念较为明确地指出输入频率和顺序的特点，能够最大限度地促进偶然学习。同时，显性教学可以弥补输入不足、注意不到、学习者缺乏概括归纳经验和缺乏对英语识解差异的了解等问题帮助学习者在脑中尽快建立起丰富的语言网络体系。与自然法等“不干预”理念下的教学方法相比，结合优化输入和显性的方法能更好地提升学习效率。

（三）以体验性与交际性活动为主要教学活动

“以体验性和交际性活动为主要教学活动”的教学理念提倡通过使用身体或手势等方式来体验语言的概念化特点，辅以学习者的自主探索，来获得对语言的深层次理解和记忆。基于使用的语言观决定了认知语言学主张以交际活动为教学基本活动，让学生在真实的语境下、在完成交际任务的过程中学习和使用语言，同时获得深层次文化、语用及社会信息。

1. 以体验性活动为主要教学活动

语言和语言学习的体验性为语言教学带来如下启示。

（1）教师通过课堂展示，指导学生使用手势或其他肢体动作去体验语言概念化的方式。认知语言学认为意义的建构以身体为基础，语言意义及其符号化模式皆来源于体验的经验，如果在动作、手势和意象中重现这些结构，激活动作和语言的联系，将会有利于理解和记忆。这与曾经流行的全身反应法（Total Physical Response，TPR）的观点相一致。例如，使用手势来区别介词 across、through 及 over 的意义：“手平放、手掌向下平扫过地面”表示 across；“手展开、胳膊向上拱起越过某物”表示 over；“手用力向前推”表示 through。这些练习能帮助学习者悟出介词背后的意象图式。也可以在教学中使用戏剧表演，学习者边演边说；或者使用哑剧表演，一部分学习者表演剧本情节，另一部分学习者描述经过，以此建立意义和动作之间的联系。

（2）教师除了直接显性教授语言规律外，还应呈现语言材料，鼓励学生主动去发现、归纳及运用其中的规律。这种自下而上、自我探索式学习，能让学习者参与意义建构，也是体验语言概念化的一种方式。在此过程中，学习者自主学习能力不断提高，同时享受由此带来的积极情感体验。具体来讲，可在教授构式的过程中，要求学生自己建立语义辐射网络，摸索意义之间联系的理据，或在实践中总结构式的不同用法。例如，英语中的致使构式，也称作与格 / 双宾语 / 双及物构式，对于学习者来说是一难点。该类构式形成一个语义网络，核心意义为“施事者使受事者成功地收到某事”（如 give/hand/pass/bring somebody something），扩展意义有：“施事者使受事者能够收到某事”（如 permit/allow somebody something）、“施事者采取行动使受事者在未来收到某事”（如 leave/reserve/bequeath somebody something）、“施事者有意使受事者收到某事”（如 build/bake somebody something）及“施事者满足一定条件，使受事者收到某事”（如 guarantee/promise somebody something）等。基于认知语言学理念的方法比传统的基于规则的、以动词为中心的方法更加有效。首先，由教师将该构式的核心意义和各种扩展意义通过幻灯片图示和动画展示给学习者，请学生将核心意义填入多义网络图中相应的位置上，之后学习者根据语义网络图对具体实例进行分析，判断是否合理并给出理由。最后教师组织课堂讨论，进行总结和讲评。区别于完全由教师显性教学的方式，该方法在教学过程中要求学生主动参与，分析和建构语义网络系统。在此过程中，学习者自主学习能力不断提高，同时享受由此带来的积极情感体验。当然，在学习者自主探索、归纳和运用的基础上，教师必须辅以显性指导，给予引导和反馈，帮助学习者认识和总结凭自身不易探索出的规律。

2. 以交际性活动为主要教学活动

基于使用的语言观认为语言结构产生于语言使用。语法规则是人们在语境中，通过对具体语言的接触和使用，不断抽象概括总结出来的，因此在语境中教学是加快学习的最好办法。在教学中设计有意义的交际活动，为学习者提供大量有语境的输入和输出，学习者在完成交际任务时既能学习形义配对的构式，又能从与目标语言接触的机会中获得相应的社会和文化信息。例如，在帮助学习者学习运动事件（motion events）时，教师提供有故事情节的视频或者图画书（材料中只有场景，没有语言描述），要求学习者观看后用目标语叙述故事情节（描述故事中的一系列动作和事件）。接着，教师提供母语者的叙述供对比参照，并解释母语者对故事中运动事件的识解方式及选取的语言表达形式。这样，一方面提供了纯正的、有语境的输入材料；另一方面，讲故事这种真实的交际情景为学习者提供有意义地使用语言的机会。以上例子中的交际活动难度相对较低，目前英语习得及外语教学领域的重要趋势之一是设计交际难度逐级增加的交际任务。在初级阶段，设计学习者可预先准备的简单交际任务，之后逐渐过渡为不可预先准备的复杂的交际内容。初期由于信息和任务简单，学习者的注意力主要放在英语语言要素上，随着交际难度的逐级增加，学习者的注意力逐渐转向任务本身，从而促进语言要素的自动化及语言能力的发展。

认知语言学指导下的教学观强调语境与语言使用的作用，突显语言的交际功能，这一原则与近年来倡导的内容教学法、沉浸法及任务教学法等教学法的观点相似。然而它与上述教学法还有诸多不同之处。认知语言学的教学观虽强调输入的重要性，却未淡化显性和形式教学，认为最优方式是显性和隐性教学的结合，在该理念上与基于形式的教学法有一致之处。此外，认知语言学的体验哲学思想强调体验性，教学中重视学习者通过身体及手势体验或者自主探索语言的意义，与传统的教学方法相比，充分发挥了学习者的主体性，使学习过程更加深入和有趣。

第二节　基于认知语言学的大学英语教学模式

一、基于认知语言学的大学英语教学模式构建

本节依据大学英语教学中基础、提高和发展的多层次、多元化教学目标，结合认知语言学相关理论和教学原则，尝试构建大学英语教学模式，推动大学英语教学朝着多元融合的方向发展。

（一）理论依据

认知语言学的四项理论构成基于认知语言学的大学英语教学模式的主要理论依据，它们分别是涉身观、构式观、概念观和使用观。

1. 涉身观

梅洛·庞蒂把身体看作影响心智对现实世界体验的第三类项。由此，认知科学认为意义是思维概念化的结果，思维是身体的延伸并通过身体成为心智的一部分。意义是通过身体在运动和体验中发展形成的。从个体发育观和系统发生论来看，语言也源于姿势。姿势不仅有助于意义建构，还为意义的概念化提供有用线索。语言与语音之间的紧密联系则赋予音义学特有的生命力。

意义与运动、姿势、语音的有机联系形成语言源于身体体验的意象图式。例如，“keep a balanced view”这一隐喻表达中“balanced”一词属于正面色彩类词汇。认知语言学研究显示，当婴儿的身体姿势处于笔直中正的位置及状态时，其头脑中会产生一系列感知图像，即意象图式。由于“balanced”一词对应的意象图式带有正面的情感色彩，因此人们便形成了“平衡是正面事物”的概念。人类通过身体来感知客体、他者、空间以及其他各类关系，通过隐喻机制建构另一种概念，进而逐渐建立

概念系统。

转喻机制的涉身基础也是显而易见的。转喻发生在同一概念域或事件域，人们可以用同一概念域或事件域的组成要素互代，或组成要素与整体之间互代，以此解释一个静态事件中各要素之间的关系、一个动态动作中各要素之间的关系等。根据普通思维规律，邻近事物的概念更易被激活。人们常以事物的某一突显特征来指代整个或整类事物，如“sail”代表船只，“hoover”代表吸尘器。转喻机制中对事物突显特征的认知完全基于对事物的感知体验。

2. 构式观

构式语法理论认为，构式具有整体性，是形式、意义与功能的匹配体，是语言研究的基本单位，包括从词素、词汇、短语、习语、小句、复杂句到语篇的各种语言形式，是英语习得的对象与核心。它特别强调语言研究的全面性，强调对语言全息信息的描述与解释，强调形式和意义的匹配，强调构式与构式之间、构式与各种情景之间的交互。

国外学者认为，词汇和语法中间有自然的过渡地带，形成了词汇—语法连续体。埃利斯指出，构式学习的路径是从惯用语（formula）开始到抽象程度不高的低域模式（low-cope pattern），然后到抽象程度较高的构式（construction）。惯用语是学习者对频繁出现的搭配序列反复记忆而形成的词汇语块（lexical chunk）。语块抽象到图式的程度就成为构式。国内学者李小华和王立非在《第二语言习得的构式语法视角：构式理论与启示》中把语言发展过程划分为若干个阶段，即始于范围狭窄的构式（甚至包括具体的动词和名词），然后通过机械记忆习得单词、词素等较为具体的语言结构，再经过积累过渡到更为复杂的结构，最后习得最抽象、能产性极高的论元结构。

3. 概念观

概念化是概念形成的过程。构式语法认为，所有的意义都是概念化的结果。意义的正确表达要求具备相关的百科知识，包括意义的结构、形态、功能、差异和动词语义框架等信息。例如，“stone”一词的正确使用需要具备哪里可能看到石头、什么时候表示和石头类似的质地、什么时候表示石头这一实物等相关知识。同一词语在英式英语和美式英语中的意义表达有时也不尽相同。“stone”表示某一物体的质地结构时，通常和“缺乏生机、索然无味”相关联。概念隐喻的同类机制分析有助于理解“stone-dead/cold”的表达方式。隐喻和转喻机制还把名词“stone”拓展为形容词“stoned”。

除此之外，要正确表达意义，还需意象图式的相关知识，而意象图式的形成涉及较强的文化背景因素。当前的英语学习已经不是传统观念中学习英语作为母语者的语言，而是在跨文化交际过程中学习不同文化背景的语言，因而学习者的文化背景就成为语言学习的宝贵资源。对母语和目标语不同文化概念的对照比较能够帮助学习者获得正确的意义并形成长时记忆。

4. 使用观

在基于使用的理论框架内，语法发展来自语言使用，语法化是很多言语事件重复的结果。拜比认为，语言的每次使用中，普遍认知过程都在发挥作用，对语言结构的形成、变化及其在心智中的表征产生决定性影响。基于使用的语言习得理论逐渐成为近年来语言学领域的研究热点之一，其主要观点是一个语言形式能否以构式方式存储于人类大脑的首要因素是频率效应，即接触语言形式的频率，其他因素包括语义显著度、难易度等。由此可见，使用频率在语言习得中发挥着举足轻重的作用。

认知语言学提倡语言知识源于学习者反复、主动地使用语言，由学习者积极主动地建构而成，是学习者的认知能力与语境互动的结果，而非与生俱来的语言习得机制的产物。

（二）教学原则

基于认知语言学的大学英语教学模式的教学原则主要包括体验原则、词汇—语法连续体原则、概念化原则和使用原则。

1. 体验原则

外语教学的涉身观向学习者展示意义如何基于身体体验形成，从而增强记忆效果。尤其当学习者的母语中没有外语对应项时，要通过对身体部位、空间关系、力量运动等的感知，深入阐释意义逐步形成的过程。这具体可以通过课堂真实体验和虚拟体验两种方式来实现。

真实体验是指教师发出“规则与运动”（enactment and movement）指令，使学习者获得力对物体产生作用形成的意象图式，以此建构概念。课堂真实体验即在课堂教学中，教师将隐喻中的抽象意义与动作、姿势相联系，帮助学习者基于真实体验建构新的概念。例如，“jump for joy”，把快乐与蹦跳相关联；“feel down”，把沮丧与垂头姿势相关联。

虚拟体验是教师使用图表、图片等工具说明意义的形成过程。课堂虚拟体验即运用图表等工具向学习者阐释意义如何来源于与物质世界的互动体验。泰勒的研究表明，课堂教学中合理应用力动态图式理论能够帮助学习者理解不同情态动词“will，would，must”的意义及用法区别。教师也可以借助意象图式更加系统清晰地讲解介词词组：首先提供多项同类词组，如“bring up，think up”等，然后引导学习者归纳出介词“up”的意象图式传递的信息，即未知或未被关注的事物由被掩盖到被发掘的过程，使学习者加深对含有介词“up”词组的理解与记忆。

在课堂教学中，教师有时也可采用合二为一的方式，结合使用“规则与运动”指令和图表、图片说明等方法。

2. 词汇—语法连续体原则

从词汇—语法连续体的词汇视角来看，一个词项含有多个相关义项，其中最基本的一个是典型义项，其他义项通过隐喻、转喻等认知机制拓展而成。构式中某个词项的意义对该构式的能产性具有影响。例如，句子“Birds of a feather flock together.”中“flock”一词通过隐喻机制，将一群动物的集合引申为一群人因共同利益聚集在一起。

从词汇—语法连续体的语法视角来看，高柏指出构式学习需要经历一个概括其形式与功能的过程，即基于实例，逐步概括、抽象出普遍规律。概括出来的图式化信息可以重复使用，这就使语言具有创造性和能产性。在教学中，教师仅仅提供正确的典型范例远远不够，还需引导学习者探索并概括出范例的形成机制，然后鼓励他们创造性使用目标构式。例如，教师给学习者提供例句片段“they eventually got them to do it in a proper manner”，引导他们逐步概括出“get-somebody-to-do-something”这一构式形式，并知晓基于该图式模型，替换不同的词汇以输出更多的同类表达，然后完成替换练习输出，如“I convinced John to take her in”。

3. 概念化原则

意义也是范畴化的结果。下面例句（1）是一句病句（用上标星号标记），问题的根源就在于汉英两种语言不同的概念范畴。

（1）The knowledge in villages in China is very low.*

（2）The level of knowledge in villages in China is very low.

（3）Knowledge in villages in China is not great.

对于“知识”一词的范畴界定，汉语和英语两种语言存在差异。英汉对比研究发现，汉语“知识”一词的范畴包含教育的概念；英语通常用“high，low”表示知识水平的高低，用“great，small”表示知识量的多少。隐喻机制启动之后，人们把知识比作存储在人体某个部位的物质，因而常有“a high/low level of knowledge”这样的表达。例（1）由于缺少限定词“level of”，出现了过度概念化问题。在没有限定词修饰时，知识一词可被理解为所有知识，因此例（3）的修改也是合理的。

构式语法研究的成果鼓励学习者启动目标语的概念体系。然而，内古鲁埃拉的研究表明，即便是双语学习者也不经常建构与母语具有差异的英语概念体系。由此，将母语与目标语的不同文化概念进行对照比较，可能是有助于英语概念体系建立的有效手段。

4. 使用原则

基于使用的原则认为，外语学习需要经历一个强制的过程，即强迫自己克服对现有概念体系以外新内容的本能排斥反应，尽可能接受目标语概念体系中与现有体系中存在差异的部分。我们认为与母语学习不同，外语学习无法仅仅依靠增加输入频率来完成学习目标。在课堂教学的初始阶段，教师给学习者提供充足的语言输入，一般无须介入太多。当课堂教学进入下一阶段时，显性教学更能促进构式习得。凯森海瑟和高柏研究发现，将同一类构式多次重复展示给学习者，具有促进构式习得的效果。这表明，显性教学能在一定程度上弥补外语学习缺乏高频输入语境的弱势。但是，相关观点目前还停留在理论假设阶段，有待进一步验证或修正。

（三）教学模式

基于认知语言学的涉身观、构式观、概念观和使用观，以及对应的体验原则、词汇—语法连续体原则、概念化原则和使用原则四项教学原则，我们构建了以体验活动为基础、以构式习得为目标、以篇章输出为手段的大学英语教学模式。这便是基于认知语言学的大学英语教学模式，具体如图 7-1 所示。

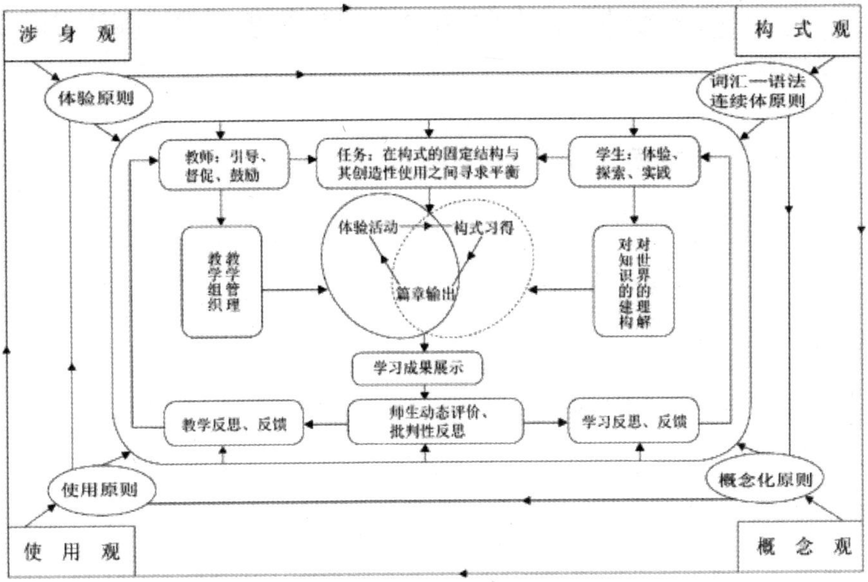

图7–1　基于认知语言学的大学英语教学模式

图 7-1 显示，教学模式的外层是认知语言学理论，即涉身观、构式观、概念观和使用观；中间层是与之相对应的教学原则，即体验原则、词汇—语法连续体原则、概念化原则和使用原则；内层是具体的教学应用。在这一教学模式中，教师引导、督促并鼓励学习者通过体验、探索和实践建构知识，加深对世界的认识与理解，并鼓励他们在构式的固定结构与其创造性使用之间寻求平衡。模式的核心部分是以体验活动为基础、以构式习得为目标、以篇章输出为手段的教学应用。学习者展示学习成果后，动态评价与批判性反思及时跟进，即教师与学习者双方都参与由任务、反思、反馈以及新任务构成的多层次、螺旋式上升的动态教学过程。教师为主导、学习者为主动意义建构者和问题解决者的理念贯穿课堂教学全程。

二、基于认知语言学的大学英语教学模式的特点与应用

（一）教学模式的特点

基于认知语言学的大学英语教学模式中，四项教学原则紧密关联，相互影响，教与学始终处于动态变化过程之中。这一模式主要有以下三个特点。

1. 认知与情感协同发展

学习者参与体验活动而形成的情绪是教学的逻辑起点；进入构式习得阶段之后，学习者的高级推理能力会影响创造力，理性思维会影响情绪思维。情绪思维的发展为学习、记忆、判断、决策以及创新搭建平台。

2. 形式、意义与功能协同发展

直接法、情景法、沉浸法及交际教学法均未能有效实现培养交际能力的目标，其原因在于对学习者的语言知识分析能力培养没有给予应有重视。认知语言学视域下的教学模式以构式习得为教学目标，强调培养学习者概括、抽象并创造性使用构式的能力，以期实现语言形式、意义与功能的整体习得。

3. 语言、文化与思维协同发展

在构式习得阶段，教师显性教学中使用的原型范畴理论、概念隐喻和转喻理论对培养学习者的语言意识和文化意识具有直接的指导意义。教师让学习者在预设的模拟真实语境中输出篇章，完成交际任务，提高语言使用能力，并获得相应的社会和文化知识信息。体验活动使用游戏、问答、全身反应、实物操作等方式激发学习者的行动性思维，构式习得阶段使用范例图示等方式激发学习者的图形性思维，篇章输出阶段激发学习者的符号性思维，由此提升教学效率和效果。

（二）教学模式的应用

在图 7-1 教学模式内层的中间部分，实线椭圆代表情绪，其主体为体验活动。体验活动能激发学生的好奇心，启动网状激活系统，从而提高学习者的注意力，使其跟随教师的思路学习。教师发出“规则与运动”指令后，学习者将自身的运动、姿势或语音与意义有机结合，获得力对物体产生作用形成的意象图式，以此建构概念。涉身体验与感知在理解母语中没有对应项的外语语言概念意义时，显得尤为重要。

教学模式内层的虚线椭圆代表认知，其主体为构式习得。既然语言单位是从语言使用活动中抽象出来的，基于使用的语言教学模式就应以构式为基础。教师引导学习者关注词汇—语法连续体的词汇端时，学习者把词汇当作典型范例进行加工，通过隐喻、转喻等认知机制深入理解构式的核心义项及其拓展义项，获得更多意义。教师引导学习者逐步移向词汇—语法连续体的语法端时，学习者将接近图式性更强的形式结构，而图式化信息正是构式能产性的标志，也是学习者灵活、准确、创造性使用构式的基础。在构式习得阶段，教师提供一系列具有代表性的典型范例，引导学习者对不同类符进行多次加工，获得义项，然后探索并概括出范例的形成机制，由此总结出图式化的抽象构式。换言之，教师引导学习者把“个别”抽象为“类”，再发掘“类”中的规律性特征，然后借助图式，增强学习者的记忆效果和目标构式使用能力。

图 7-1 教学模式内层两个椭圆的重叠部分代表情绪思维，其主体为篇章输出。针对外语学习缺乏高频输入的实际现状，课堂教学中教师设计并搭建接近真实语境的语言使用场景，以篇章为单位设计输出任务，引导学习者在构式的固定结构与其创造性使用之间找到平衡点，并给予他们发展熟练直觉的机会。学习者根据任务要求，尽力调用已习得的目标构式，然后创造性地灵活运用目标构式来表达与任务相关的个性化观点

与思想。这种创造性重构建立在本族语者以及不同文化背景的外语使用者能够相互理解与交流的基础之上。因而，学习者会在完成任务的过程中思考相关问题，如“在这个特定的语境中，使用这个构式是否恰当？”回答这类问题时，学习者有机整合情绪知识与认知知识，生成熟练的直觉，从而有助于提升长期记忆效果，促进习得的目标构式在新语境中的应用。

第三节　基于认知语言学的英语听力与阅读教学策略

一、基于认知语言学的英语听力教学策略

（一）英语听力理解影响因素及存在问题

1. 英语听力理解影响因素

听力理解的过程是一个接收信息将其处理再做出相应判断或反应的过程。听力理解分为三个阶段：感知处理、切分和运用。三者相互联系又循环往复。感知处理阶段即为接收信息的过程，可以是主动的，亦可以是被动的，听者将听到的信息首先进行接收，并对其内容暂时储存在短时记忆中。切分阶段是一个把信息处理成从未知到已知的过程，听者将短时记忆中储存的信息与自己已知的或先前已有所积累的信息知识联系起来，进行理解并做出相应的判断或反应。之后再将这一段处理信息的过程保存在大脑中变为长记忆，以此不断积累循环利用自己的图式知识。

英语听力理解在听力理解的过程中将听者所接收的信息限定为英语的信息，因此对于外语学习者来说，听力理解过程的难度大大增强。

对于英语作为非母语的学习者来说，影响英语听力理解的因素大致

可以分为心理因素、语音语调因素、词汇与语法因素、记忆因素和非语言因素这五个方面。

（1）心理因素

不少学生内心对听力存在极大恐惧感，担心自己漏听、误听甚至无法听懂从而导致无法理解文章的结果。这样在听力开始前，无形中就对听力材料从心理上有所抵触，进而无法对听力材料进行熟练准确地加工。这一现象很大程度上是由听力训练的不足，基础不够扎实和缺乏信心所致。因此教师在日常的教学工作中应当引导学生以积极的心态进行充足的听力训练。并且辅助以英文歌曲，英文短片和有趣的英文故事来激发学生学习英语的兴趣与主动性，逐渐提高学生英语听力的自信从而提高听力的灵敏度和准确度。尤其是在大部分学生都相对薄弱的听力环节及题型，更应当加强培养学生克服心理消极情绪。

（2）语音与语调因素

在外语学习中，听力的最直接表象即为语音，人类听力的过程本身就是一个由语音向语义转化的过程，因此英语听力理解与语音有着最直接的关联。提高听力的语音识别能力，首先需要掌握英语单词和句子准确的发音。即便听者有再丰富的词汇量，若不能准确发音亦无法辨识单词，无法听懂听力内容。尤其是在词汇量有限的情况下，经常出现无法处理解读相应信息的情况，其次，在英语发音中，对重音，次中音和升降调的掌握也是十分重要的技能，这一点恰恰是学生学习英语中易被忽略的地方。例如，一些学生常把 sail 读作 cell，把 rich 读作 rish，这样错误的发音势必会影响听力过程中的理解。

（3）词汇与语法差异

词汇是句子理解的最小单位，准确理解句子的基本在于对词汇的掌握。语法则是运用语言的规则。二者对于听力的理解相辅相成，缺一不可。在听力过程中，一旦遇到听不懂的生词学生便中断了思路，将精力放在对这一生单词的搜索上，既影响了已听过前文内容的短时记忆，又影响了学生后面的未听内容。因此扎实的词汇能力对每个学生准确的听力理解是十分必不可少的。另一方面。在英语听力过程中经常会出现漏听，只听到了大概意思的这种情况，从而出现短时性记忆的偏差，不少学生认为有的信息依据大脑中所存储的已有的文化背景知识可以判断出来，其实不然，因为文化背景差异的问题，有时候凭主观经验做的信息判断非但不正确反而偏差很大。

（4）记忆因素

听力理解的过程是一个稍纵即逝的过程。因此就要求学生在听的同时进行简单的记忆和记录的工作。心理学研究表明：人们从听这一动作到理解这一结果遵循如下的过程：音响信号的接收（输入）——记忆（储存）——相应符号的转换（命题）——理解终止（输出）。该过程表明大脑能够储存的内容越多，理解越充分。但不少学生存在听完后半部分忘了前半部分的情况，虽然理解了文章的整体意思无法理解文章的现象。因此，教师在平时对学生的听力训练中，应当锻炼学生对重点信息的筛选和记忆工作，帮助学生回忆情景从而按照逻辑记忆的方法以及通过复述的方法让学生对信息进行细节性的记忆工作。

（5）非语言因素

语言只是人类进行交流的一种工具，社会背景的变化，传统习俗的差异，文化背景的不同，历史传承，风土人情，生活方式，科技发展以及人类思维方式的不同都会对语言产生不同程度的影响。因此具备一定的社会背景知识对于理解英语听力理解来说是十分必要的。由于各国文化的差异和思维方式的不同，不同词语在不同语言和国家中意义不尽相同，有时更可能会完全相反。例如，“红”在中文象征着喜庆和吉祥，在英文中“red”则意味着危险状态或让人生气。因此，非语言因素在听力理解中也占了很大比重。教师应当在教学中在教授给学生语言知识的同时，给学生介绍相关的社会文化因素。

2. 英语听力理解存在问题

由于以上现象及影响因素的存在，英语听力教学存在以下问题：

学生听力理解的问题无外乎知识性障碍和非知识性障碍，学生语音知识、词汇以及关于所听内容的知识储备量均为知识性障碍。而听力答题技巧，兴趣情感因素这些均被认为是非知识性障碍。英语听力教学之所以任重而道远，究其根本原因是每个学生的听力知识性障碍和非知识性障碍无法直观地反馈给教师，每个学生听到的信息多少不同，大脑处理信息的能力也不同，做出相应的判断也不同，而听力这一整个过程均在个人脑海中完成，无法直观具体地反映给教师，以至于教师不知道从何下手来提高学生的听力能力。

另一方面，应试教育听力考试主要是以做选择题为主，学生即使听不懂一些词语和语句有时候也可以选对答案，教师仅凭考试成绩和应试结果，无法真正准确地掌握学生听力的真实情况，所以仅通过选择题的答题情况来判断学生听力水平是不公平的方法。从学生自身来讲，很多学生对听力没有太大的兴趣，如果听力内容一开始就出现了听不懂的生词和语句，后面的听力部分就会丧失听力的信心与积极性，更无从要求其基本听懂内容。

（二）运用认知语言学提高英语听力教学策略

下面以认知语言学的图式理论为例来探究基于认知语言学的英语听力教学策略。

1. 图式以及图式理论的相关概念

图式（Schema）是指人脑中围绕某一个主题组织起来的知识的表征和贮存方式，是人脑中已有的知识经验的网络。通俗来讲，图式就是储存在大脑中的之前所获得的知识和经验，人们对新信息的认知和理解一定程度上依赖于大脑中的图式。

图式这一概念最初是由德国古典哲学创始人伊曼努尔·康德在18世纪提出的，他认为图式是一种先验的范畴，是“潜藏在人类心灵深处的”一种“技术”和“技巧”。20世纪，瑞士心理学家让·皮亚杰提出了“认知图式”这一概念，他将图式看作是从“经验”到“概念”的中介，是一种认知结构。在他看来，图式是能够随着环境的变化和发展而不断变化、发展的。

随着以认知心理学为理论基础的认知语言学不断发展，越来越多的语言学家开始关注和研究“图式”这一重要概念，并做出了大量的研究，将这一心理学的概念探索性地应用在语言学领域，试图解决与其相关的语言学问题，提出了许多相关理论。

在20世纪70年代后期，“图式”这一概念渐渐地发展成为一个完整、成熟的理论图。该理论主要观点是，已经在人的大脑中存在的图式影响和支配着人们对新信息的理解和处理，即当人们接收到新信息时，总是设法将新信息与已有的信息图式联系起来，进行信息处理，获得新的认识。在现代图式理论中，图式是具有一定概括性的知识，既描述事物的必要特征也描述其非必要特征，并且图式所描述的特征由一部分或者几部分的变量组成。例如，在人脑中存在的关于“人”的图式的内容包括高级动物、直立行走、能够使用语言等。

2. 英语听力的重要性及听力理解过程的特点

在英语学习过程中，人们所关注的四大基本技能分别是“听”“说”“读”“写”。从四项技能的排序中，我们可以看出，“听”是位列第一的。有关统计指出，在言语交际过程中人们在“听”中花费的时间最多，在与人交流的过程中，首先必须听懂别人在讲什么，然后才能做出符合逻辑的信息处理和答复。因而要想学好一门外语，重视听力的培养是第一位的，也是最重要的。但是听力理解的瞬时性、记忆性、综合性三大特点决定了它是项较难掌握的复杂技能。

（1）瞬时性

一般来说，在没有重复的条件下，听力理解中的信息输入具有瞬时性，也就是说这个过程是不可逆的。瞬时性这一特点决定了听话者必须在有限的时间内对收到的信息符号做出符合逻辑的理解和反馈，听者很难对自己不理解或听错的地方进行反复思考和纠正；部分学生基础知识掌握不牢固，并且在日常学习中，缺乏听力技巧的培训和足量的听力训练，因此增加了听力的难度。

（2）记忆性

在认知心理学中，听力过程有三个重要的阶段，分别为感知、切分和运用。在“感知”阶段，听者大脑中利用已有的图式，将感知到的（接收到的）声音信号转换为具有意义的信息符号，也就是平时所使用的词语，并将这些有意义的符号信息储存起来，即形成短时记忆；在第二阶段，听者将储存在短时记忆中的有意义的符号信息切分成各级语言单位，并对这些语言单位进行进一步分析、筛选、储存；最后，听者将储存在大脑中的与听力材料有关的“图式”（原有知识）与新信息进行结合，对听力材料做出正确的理解和反馈。感知、切分和运用三大阶段在听力过程中是不断反复进行的，在这些过程中，对新信息的及时“储存”（记忆）是至关重要的。

（3）综合性

听力理解是一个综合性的复杂思维活动。其综合性在于听力理解过程要求学生脑、眼、耳、口、手同时并用，并且要掌握该语言的语音、语义、词法、句法、篇章、语用的基本知识，此外还要了解一定的社会文化背景知识，对所听内容进行语篇上的理解。

听力理解的瞬时性、记忆性和综合性决定了它是一个复杂的技能，它往往是大部分学习者的薄弱环节。

3. 认知语言学理论应用于英语听力教学的策略

在认知语言学中，听力理解的过程是一个解码与意义重构的过程，并不是一种简单的解码过程。因此，在听力理解的过程中只利用语言知识是远远不够的，还需要背景知识、结构知识等的参与和帮助。图式理论对英语听力教学有以下几点启示：

（1）重视学生的语言知识教学

语言知识是人们理解新信息的前提和基础，如果学生的基础不牢，没有掌握应掌握的语音、词汇、语法等知识，听者无法对所接收的信息进行解码，那么听力理解则无从谈起。例如，在听句子“I can’t stand the new movie”时，如果学生没有掌握多义词“stand”在该句子的意思，则无法理解整个句子的意思和说话者的态度。因此，听力教学最基本、最重要的工作就是引导学生打好语言基础，熟练掌握语言知识，建立足够的语言图式。

（2）丰富学生的社会背景知识

中西文化差异很大，一些时候，听力材料具有很强的文化特色，如果学生没有相应的背景知识，也会造成句意的误解。例如，当听到“lucky dog”这一搭配时，如果没有英语语言文化储备，那么学生会对这个短语产生误解，造成理解的错误。因此，要引导学生多读书，不断充实和丰富学生的社会背景文化知识，建立相关的图式，为理解信息做好储备。

（3）充实学生的形式知识

影响人们对信息理解的不仅仅有语言和内容知识，形式的不同也会影响信息的获取。因此，教师在教学中引导学生掌握不同的文章体裁、修辞手法、结构形式等，了解不同形式的不同特点，并有针对性地进行练习和感受，从而增强语言敏感性，能帮助学生更好地理解所接收的信息。

（4）采取有效手段激活学生已有图式

图式的激活是指利用材料已给的信息，如标题、关键词等去推测和判断材料可能涉及的内容，并根据推测激活大脑中相关的语言知识、背景知识等长时记忆。因此在听力教学中，教师要引导学生根据已知信息去有目的地激活储存在大脑中的图式，并进行相应的筛选、分类和加工，在听前做出迅速、合理的判断，从而为接收和理解信息做好准备。

总之，听力理解是一个复杂的、综合性的思维活动，认知语言学的图式理论从认知心理的角度给英语听力教学带来了启示。教师需要联系教学实践，探索更为合理的听力教学方法，提高学生听力理解的水平。

二、基于认知语言学的英语阅读教学策略

阅读是一个复杂的过程，是具有认知心理的分析过程。认知是指人类认知客观事物、获取知识的过程，包括人的记忆、直觉、思维等。而人的阅读本身也属于一种思维加工过程，它是使人类思维产生结构变化、形成高级思维的过程。因此，有必要对阅读进行认知分析，从而有助于学生更好地理解阅读材料。

（一）英语阅读的认知心理

人们在展开阅读时，首先需要对阅读材料的文字信息进行扫描，进而将扫描的信息传递给大脑，大脑对这些信息进行感知，最后通过整理和分析来加以解码。

从认知语言学的角度来说，人们已有的知识就构成了一个知识体系，其涉及以下三个部分的内容：（1）能够将各个范畴相互关联而形成网络系统；（2）能够包含多个不同的范畴系统；（3）能够对不同范畴间的规则进行区分的系统。

因此，阅读的认知心理可以归纳为以下几个阶段：(1)在阅读开始时，读者需要通过视觉对文字信息进行准确、迅速、自动的辨识。有研究发现，人们在阅读时眼睛停留在每个单词的时间约为 1/5 秒到 1/4 秒之间。(2)对单词进行自动辨识之后，读者开始进入对单词、意义的加工阶段。在这一阶段，单词的音与义会触动人脑中的记忆，并激发其人脑中有关词汇、语法的知识。也就是说，在这一阶段，人们会有意识地对人脑中的各种信息加以提取和搜索。(3)当人们完成单词的音义表征之后，单词的音义会组件连接，构成短语和句子的音义，并对短语和句子加以理解。(4)读者将自己大脑中的单词、短语、句子的相关知识联系起来，为理解整个语篇提供条件。

在阅读认知心理的这四个阶段中，前两个阶段属于低级阶段，后两个阶段属于高级阶段。初学者往往会在前两个阶段中耗费大量时间，从而导致阅读速度低下，阅读能力不足；阅读水平较高的人则在前两个阶段实现了自动化，因此会将更多精力放在后两个阶段，从而更高效地理解原文。

(二)英语阅读的认知模式

对阅读的认知分析主要建立在阅读认知模式上。所谓模式，就是对客观事物结构关系及客观事物演变过程的反映。阅读的认知模式就是运用阅读的认知心理来对阅读活动中各要素的相互关系及发展过程进行。其中，鲁梅尔哈特的“相互作用”阅读模式是阅读认知模式的典型之作，即“交互模式”。但在理解这一模式之前，有必要理解与之相关的两个模式，即自下而上模式、自上而下模式。

1. 自下而上模式

自下而上模式，又称为“信息加工模式”，起源于 19 世纪中期，是一种较为传统的阅读认知理解模式。自上而下模式是依靠信息加工的理论来对阅读认知理解加以阐释的过程，是一种依靠文本驱动的认知模式。该模式主要是从低级的基本字母单位出发，到高级的词汇、句子甚至语义的加工，即从书写符号到文字意义的整个认知加工的过程。

很明显，自下而上模式是从字母、词汇的解码开始，到文本意义的理解结束，是一个有层次、有组织的过程。因此，读者要想理解整个语篇，就必须具备从低级到高级的语言基础知识，因此只有理解了字母，才能理解词汇，只有理解了词汇，才能理解句子，只有理解了句子，才能理解段落和语篇。

可见，自下而上模式强调的是语篇本身，阅读理解的过程中，人们遇到的问题大多数属于语言问题，而学生阅读理解的失败大多是由语言知识不足导致的。受这一认知模式的影响，传统的英语阅读教学主张从字母——词汇——句子——段落——篇章这一结构层层进行，且将语言知识的讲授作为教学主要任务。

但是，这一模式也存在着明显不足，即它强调信息加工在阅读认知理解中的作用，但并没有说信息与信息间的作用，将其仅限制于线性理解层面，忽视了读者从语篇之外获取的其他信息。

2. 自上而下模式

自上而下模式起源于 20 世纪 60 年代，是在认知心理学的基础上发展而来的。所谓自上而下模式，是指读者在自身已有知识的基础上，对相关阅读材料进行加工。简单来说，就是运用预测、检验等认知手段来理解阅读材料。这一模式以读者为中心，强调读者的兴趣、背景知识等对阅读理解的影响。

1967 年，在著名的心理学家学者古德曼的理论中，阅读被认为是心理语言学的猜字游戏。在古德曼看来，读者运用自身的已有知识来降低对语篇语音符号、书面符号的依赖。继古德曼之后，另外一名学者科迪提出了以下的阅读认知模式，见图 7-2。

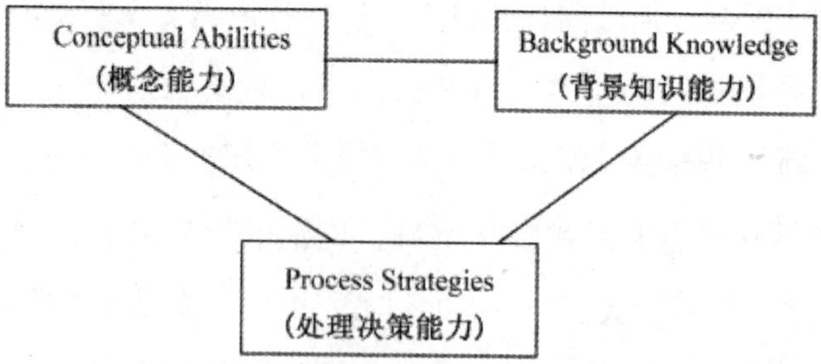

图7–2　科迪的阅读认知理解模式

从图 7-2 可知，科迪的阅读认知理解模式主要包含概念能力、背景知识能力、处理决策能力三大能力。其中概念能力是指读者对阅读过程中输入的信息进行整合，进而形成概念的能力；背景知识能力是指读者所掌握的一些常识知识；处理决策能力是指读者在阅读过程中所使用的阅读技巧。在具体的阅读认知理解过程中，这三种能力相辅相成、相互作用。

自上而下模式有很多的变体，并且每一种变体都有自身的特点。总体来说，可以归纳为四个层面：（1）自上而下模式认为阅读具有目的性和选择性。（2）自上而下模式认为阅读是从文本中寻找意义，并在此基础上进行思考的过程。（3）自上而下模式认为阅读具有预见性，读者运用已有知识对文本内容加以预测。（4）自上而下模式强调读者已有知识在阅读中的凸显地位，因此不可忽视和磨灭。

（三）认知语言学应用于英语阅读教学的策略

在具体的英语阅读教学中应用认知语言学的理论，有助于加深学生对阅读材料的理解，同时对于学生思维能力和文化素质的提高也有重要意义。具体而言，教师可以从以下几点着手。

1. 阅读材料选择层面的应用

认知语言学认为，语言输入的过程应该符合理解性、数量性、趣味性的原则。英语阅读教学是一种非常重要的输入形式，因此将认知语言学的相关原则运用于英语阅读教学中，可以收到事半功倍的良好效果。

（1）理解性

英语阅读教学的目的是提升学生的语言理解能力，这一能力的形成和发展并不是一蹴而就的，而是需要教师付出长期艰辛的努力。阅读材料是英语阅读教学的重要参考，对英语阅读教学而言有着重大意义。因此，在进行阅读材料的选择时，教师应该选择理解性强的资料，即尽量与学生的认知特点、语言习得水平相符，不应过于容易，也不能太难，最好选择比学生整体认知水平稍高的材料，这样有助于激发学生的挑战兴趣。

（2）数量性

语言的输入也需要数量作为前提，这是因为阅读材料中包含多层次、多学科，因此阅读教学过程中应该坚持数量性原则，这对于学生认知语言程度的提高也有着重要影响。一定程度上而言，语言的学习需要机械的、重复的刺激，教师要尽量让学生多接触阅读材料。例如，教师可以多预备一些阅读材料，从而增加学生的阅读接触数量，丰富学生的语言知识储备，为日后的英语交际打下良好基础。

（3）趣味性

众所周知，兴趣对于人们认识事物、学习知识有着重要作用。在当代的大学英语阅读教学材料的选择上，教师应该坚持兴趣性的原则。也就是说，教师应该根据学生的认知情况、语言水平来选择材料。当学生对阅读材料充满兴趣时，就会对阅读投入更多兴趣，调动自己的阅读认知技能，把握材料的中心思想，从而不断提升自己的阅读理解能力。

2. 阅读任务设定层面的应用

阅读教学的过程需要设定一定的目标和任务，才能切实有效地提高阅读教学的效果。认知语言学的认知监控理论认为，学生的阅读过程需要自己主动地调节和监控。但需要注意的是，学生在不同的语言阶段，其对自身的学习情况把握不够透彻，这就需要教师帮助学生设立清晰的目标和任务。

任务的设定可以帮助学生了解自己的进度，同时也便于学生制订自己的阅读目标。当目标达到后，他们就会对自己的阅读充满信心，从而提升自己的阅读兴趣和积极性。阅读过程是循序渐进的过程，因此教师应该根据不同的阶段设置不同的学习目标和任务。

3. 具体阅读策略层面的应用

从认知语言学的角度来说，阅读的过程是读者与文本相互作用的过程。阅读的过程带有极大的主观性，需要学生从自身思维出发来理解文本逻辑，加深对整个阅读文本的理解。了解了这一点，教师在具体的英语阅读教学过程中，需要注重培养学生的理解能力和应用能力。

阅读理解的过程是一个科学分析的过程，学生需要运用一定的阅读技巧来提升自己对阅读材料的理解。认知语言学的相关理论对阅读策略的选择也有重要影响。具体来说，可以从阅读前策略、阅读中策略和阅读后策略分析。

（1）阅读前策略

认知语言学认为，人类的语言思维结构往往是在人的认知经验的依赖下，因此阅读理解的过程中渗透了很多读者的经验。这就提醒教师应该在阅读教学过程中，训练学生的主观思维能力。

在阅读开始之前，教师可以通过以下几种形式来让学生对阅读文本有一个基本印象。

第一，预测文章内容。阅读并不是学生拿到阅读材料就开始阅读，其可以选择一定的阅读策略进行分析。在阅读之前，教师可以引导学生对阅读内容进行预测，如通过阅读材料的类型、题目、首尾句等的讲解，让学生对文本内容有一个大致的猜测。

第二，速读教学策略。在阅读开始之前，教师可以让学生对文章进行速读，大致了解文章的内容。同时，教师还可以运用提问的形式与学生交流快速阅读的方法和技巧。

第三，了解文章背景。由于英汉两个民族的思维方式、文化习俗等存在明显差异，对英语阅读材料进行阅读还需要具备一定的背景知识。因此，教师在教授之前，首先引导学生进行背景文化知识的收集和整理，从而为正式的阅读打下基础。

第四，运用相关主观知识。阅读材料的理解是基于学生的认知水平建立的，学生在阅读时需要运用相关主观知识，只有这样才能加深对文章的理解。

阅读前阶段是阅读的准备阶段，因此需要教师和学生予以重视，做好阅读的准备工作，这对于阅读而言十分必要。

（2）阅读中策略

在阅读过程中，学生还需要发挥自己的主观能动性，对自己的意识和思维进行调节与监控。在这种监控下，学生能够认知阅读材料的木质，从而把握文章的背景知识，同时还能使学生进行对比分析，找出英汉两种语言的异同点。

具体到当代的大学英语阅读教学过程中，教师应该锻炼学生的语篇预测能力，从而提高英语阅读的有效性。

（3）阅读后策略

阅读完材料并不是阅读过程的终结，阅读后的监控和评估也是阅读的重要部分。在当代大学英语阅读教学中，教师要督促学生进行自我监控和评估。

第一，自我监控是指学生对阅读错误加以改正。当学生阅读完一则材料之后，需要对文章中理解不透彻或者不理解的地方进行记录和总结，同时寻找相关资料或者寻求教师帮助。

第二，自我评估是指学生对自己的阅读水平、偏好、成绩有一个科学的评估，从而把握自己的学习进度。

自我监控和自我评估除了能够提高学生的阅读主观能动性，还能培养学生的阅读习惯，使学生对自己的阅读进度有一个清晰的了解和把握，从而更积极主动地进行阅读学习。

阅读教学是英语教学的重要层面，认知语言学应用于大学英语阅读教学中，有助于提高学生的语言理解能力、表达能力及运用能力，从而提高大学英语的教学效率。

参考文献

[1] 蔡宝来，张诗雅，杨伊 .MOOC 与翻转课堂：概念、基本特征及设计策略 [J]. 教育研究，2015，36（11）：82-90.

[2] 哈格德 .MOOC 正在成熟 [J]. 教育研究，2014，35（5）：92-99，112.

[3] 吴春梅 . 试析互动模式在高中英语教学中的应用 [J]. 中学课程辅导（教学研究），2013，7（26）：97.

[4] 左滢 .ACTIVE 教学模式在高中英语读写结合课中的实践研究：以 Schoollife 教学为例 [J]. 英语教师，2017，17（04）：141-143+154.

[5] 刘小琴 . 应用型本科大学“英语语言学”教学存在的问题与对策 [J]. 英语教师，2018，18（07）：56-58.

[6] 杜开群 . 关于大学英语语言学教学问题及对策分析 [J]. 山东农业工程学院学报，2017，34（02）：5-6.

[7] 郑雨 . 大学英语教学中模糊语言学的语用意义分析 [J]. 西部素质教育，2015，1（06）：46.

[8] 黄琼慧 . 商务英语语言学的理论体系研究 [J]. 开封教育学院学报，2016，36（02）：68-69.

[9] 翁凤翔 . 商务英语学科理论体系架构思考 [J]. 中国外语，2009，6（04）：12-17+30.

[10] 平君 . 基于应用语言学的大学英语教学模式改革研究 [J]. 吉林省教育学院学报，2018，34（08）：75-77.

[11] 杨雪 . 浅谈英语教学中应用语言学的有效应用 [J]. 教育现代化，2018，5（11）：185-186.

[12] 张丽莹，于江 . 论《他们眼望上苍》中赫斯顿的“协合”[J]. 湖南医科大学学报（社会科学版），2008，10（6）：141-144.

[13] 姚伊忱 . 高中英语阅读教学中文化渗透的教学设计案例分析 [D]. 天津师范大学，2015.

[14] 张岩 . 文化背景知识对高中英语阅读教学的影响调查 [D]. 哈尔滨师范大学，2013.

[15] 杨柳 . 运用抛锚式教学策略提高高中生阅读技能 [D]. 上海师范大学，2014.

[16] 赵敏仓 . 新课程改革下高中英语课堂有效教学策略的研究 [D]. 重庆师范大学，2012.

[17] 付野 . 初中英语阅读教学中存在的主要问题及对策研究 [D]. 东北师范大学，2015.

[18] 贾丽 . 图式理论应用于高中英语阅读教学中的实证研究 [D]. 宁夏师范学院，2017.

[19] 周梦凉 . 导入在高中英语阅读课堂的应用 [D]. 上海师范大学，2012.

[20] 张莹莹 . 互动式教学在高中英语阅读教学中的应用研究 [D]. 宁夏大学，2014.

[21] 鲁子问，康淑敏 . 英语教学设计 [M]. 上海：华东师范大学出版社，2010.